多边价格指数汇总方法的改进研究

谢 长 著

科 学 出 版 社

北 京

内 容 简 介

在国际经济比较中,不同层级价格汇总方法的优劣都将直接影响最终比较结果的准确性。本书以空间价格与物量比较中的方法论研究为核心,重点对基本类水平价格汇总方法的估计方法进行改进,并构建一种满足更多优良性质的基本类以上水平价格汇总方法及其加权形式。本书从方法的角度为空间价格和物量比较实践提供更多方法论认识,并从技术和理论上改进已有多边价格汇总方法的不足。

本书理论与技术性强,学习者需具备一定的指数理论知识和较为扎实的数学与经济计量基础,主要适用于学习空间价格和物量比较知识的教师、研究生、研究人员和实际统计部门的工作人员。

图书在版编目(CIP)数据

多边价格指数汇总方法的改进研究/谢长著. —北京:科学出版社,2021.7

ISBN 978-7-03-068527-8

Ⅰ.①多⋯ Ⅱ.①谢⋯ Ⅲ.①价格指数－统计资料汇总－研究 Ⅳ.①F714.1

中国版本图书馆 CIP 数据核字(2021)第 060455 号

责任编辑:邓 娴/责任校对:贾娜娜
责任印制:张 伟/封面设计:无极书装

科 学 出 版 社 出版
北京东黄城根北街 16 号
邮政编码:100717
http://www.sciencep.com

北京建宏印刷有限公司 印刷
科学出版社发行 各地新华书店经销

*

2021 年 7 月第 一 版　开本:720×1000 B5
2021 年 7 月第一次印刷　印张:10 3/4
字数:215 000

定价:102.00 元
(如有印装质量问题,我社负责调换)

作者简介

谢长,男,1988年生,湖南娄底人。2018年毕业于东北财经大学,获经济学博士学位,现任职于东北财经大学统计学院,讲师,硕士生导师,辽宁省"百千万人才工程"万人层次人选。兼任中国国民经济核算研究会第五届理事。在《统计研究》《当代财经》等CSSCI来源期刊发表文章10余篇,主持国家社会科学基金青年课题1项、主持和参与教育部人文社会科学研究课题2项、主持辽宁省教育厅课题1项、参与国家社会科学基金重大重点课题3项。

序

2013年始，依托我所负责的国家社会科学基金重大项目"我国全面参加全球国际比较项目（ICP）的理论与实践问题研究"，产出了一批得到国内外同行赞誉并认可的研究成果，更为重要的是，也培养出了一批从事国际比较统计研究的青年才俊。这些青年才俊在国际和国内统计学界崭露头角，尤其是在国际重要学术会议上代表中国国际比较项目（International Comparison Program，ICP）研究学者发出了中国声音，扩大了我国在ICP研究领域的国际影响力，为我国统计学科赢得了广泛赞誉，其中包括近几届世界统计大会、国际经济测度年会以及ICP50周年学术研讨会等会议。另外，由于课题研究的需要，他们对ICP进行了系统的研究，可以说，此次2017年轮ICP的实践，他们都有很好的参与。

谢长博士是这个团队中的一员。在其博士学位论文基础上修改而成的这本著作《多边价格指数汇总方法的改进研究》即将付梓出版之际，谢长博士邀我作序，作为其博士生指导老师，我欣然答应。这部学术著作，是谢长博士从事国际比较统计多年研究的一个系统总结，或许是出于我自始至终较多地参与这一专著的讨论，也或许是由于就国际比较统计认识上的一些共鸣，我乐此有这样的机会向读者推介此书。

国际比较统计是国民经济核算中的重要内容，也是经济统计测度领域中的前沿议题。由联合国统计委员会主导、世界银行负责实施的当今全球最大规模的统计合作项目——ICP，一直致力于购买力平价法国际比较。在ICP助推下，越来越多的国家也开始重视国内购买力平价的测算。作为一种空间价格指数，购买力平价的测算是一个不断进行价格汇总的过程。如何进行多边价格汇总，一直是国际比较统计领域高、精、尖层次的研究议题，也是影响ICP比较结果准确性的关键方面。该书对此尝试系统研究，从多边价格比较的方法论问题着手，对已有方法的估计方法做出改进，最后也提出了一种改进的新方法，当然这仍然需要实践的进一步检验。作为方法研究的著作，我认为该书有三个明显的特点。

第一，选题前沿。在2017年轮ICP如火如荼开展之际，世界银行ICP技术咨询小组将ICP测算技术改进列为ICP领域最新三大研究议题之一，具体到13项子议题中，就有2项是和购买力平价汇总方法相关的。该书的研究对象就是国际比较中的多边价格指数汇总方法，且主要聚焦于方法的改进创新。可以说，该书选题紧盯国际学术最前沿，具有十分重要的学术研究价值。

第二，方法研究系统全面。历史地看，国内对国际比较方法的研究多集中于 ICP 应用过的方法，或是 ICP 手册所提及的方法。该书则是对国际比较方法体系一次较为系统性的研究尝试，为国内读者引荐了更多多边价格指数汇总方法。此外，面对众多国际比较方法，方法对基础价格数据和支出数据有何要求？方法是否符合应用分析目的？方法有何优劣？同类方法应用时该如何选择？该书对这些问题的解答，可以解决实践中就方法选择的诸多困扰。我相信，对于那些有志于国际比较方法研究或应用研究的后起之秀，该书会是一本不错的指导用书。

第三，方法研究有创新。在国际比较统计领域，要取得方法的重大突破，并非一蹴而就的，方法的改进往往是边际贡献的。国内少有专注于国际比较方法的改进研究，该书则对已有基本类水平价格汇总方法的估计方法做出了改进，提高了方法的精度。另外，该书还为国际比较方法库提供了一种满足更多优良性质的总量层次价格汇总方法，并构建了该方法更为一般化的加权版本，这在一定程度上丰富了国际比较方法体系。这些改进的方法，得到了世界著名统计学家、澳大利亚社会科学院院士 Prasada Rao 教授的肯定。

世界银行已将 ICP 作为一项永久性的常规统计活动，但 ICP 领域存在的问题依然很多，仍需加以持续研究。借此机会，我殷切希望国内能涌现更多的年轻人投入到国际比较统计领域中，在基础理论和方法研究方面多下一番功夫，为提升我国 ICP 的话语权做出贡献。最后，也希望作者能在今后的工作中继续勤于思考，敏而躬行，在学术和实践方面有更大的提升，取得更大成绩。

杨仲山
2021 年 3 月 2 日

前　言

众所周知，不论是在国际经济比较中，还是在一国内部不同地区间的经济实力比较中，都存在空间上的价格差异。如何剔除空间上的价格差异，从而从物量层次对不同国家和地区间的实际经济规模进行测算与比较，一直是宏观测度研究领域历久弥新的话题。自卡塞尔提出购买力平价理论以来，购买力平价法已然成为各国、各地区进行实际经济规模比较，最科学、最重要的方法。

自 1968 年联合国统计委员会（United Nations Statistical Commission，UNSC）成立 ICP 伊始，经过 8 轮的比较，ICP 已经成为当今全球最大型的国际统计活动与最权威的国际经济比较活动。可即便如此，历次 ICP 数据公示之后，均会引起国际社会对 ICP 比较结果合理性与准确性的广泛讨论。世界银行于 2014 年 7 月公布了最新一轮 ICP（ICP2011）的比较结果，有关中国的比较结果就受到国内媒体、专家学者和相关机构的质疑。作为一种空间价格指数，购买力平价测算的准确性与价格汇总方法的好坏息息相关。根据购买力平价测算的基本逻辑，先是进行基本类水平价格汇总，然后再进行基本类以上水平价格汇总。任何水平的价格汇总质量都将影响最终购买力平价测算结果的准确性。在这种背景下，如何合理地进行价格汇总，对准确地测算各国（各地区）的购买力平价，从而对基于购买力平价法客观地评估各国（各地区）的实际经济规模，意义重大。

自购买力平价理论提出以来，如何进行价格汇总随即成为需要重点研究的内容，众多多边价格指数汇总方法相继涌现，而 ICP 的不断实施则进一步推动了汇总方法的发展。以 ICP 所应用的汇总方法为核心，在整个方法发展的历史长河中，当前关于方法的研究与应用，还存在诸多亟待解决的问题和争议。本书在系统总结当前汇总方法存在的主要理论问题与应用问题的基础上，拟解决三个关键问题。①技术方面：改进基本类水平价格汇总方法的估计方法。②应用方面：比较一类满足可加性的汇总方法之优劣。③理论方面：提出满足更多优良性质的基本类以上水平价格汇总方法。研究的核心目的在于，将根据购买力平价计算的基本逻辑，尝试对不同层面的多边价格指数汇总方法作出改进。上述三个问题都是围绕对多边价格指数汇总方法的改进展开的。

围绕这三个问题，本书的结构安排共分为八章，具体如下。

第一章是本书的绪论。主要介绍 ICP 的由来与本书选题价值，系统回顾空间价格指数汇总方法的发展与应用，明确本书具体的研究内容。

第二章是国际比较的方法论基础。首先对国际比较的基本方法及其发展脉络进行系统性的回顾；其次介绍购买力平价测算的方法论基础，重点介绍基本类水平和基本类以上水平价格汇总的几种基本方法；最后将介绍指数理论，包括指数的公理化体系和多边价格汇总方法检验理论。本章为本书的研究奠定了坚实的理论与方法基础。

第三章是多边比较方法问题探析。将从理论层面和应用层面两个角度，深入分析 ICP 所用汇总方法存在的主要问题。最终明确本书拟解决的关键问题。①技术方面：改进基本类水平价格汇总方法的估计方法。②应用方面：比较一类满足可加性的汇总方法的优劣。③理论方面：提出一种满足更多优良性质的基本类以上水平价格汇总方法。这三个问题都是围绕着对多边价格指数汇总方法的改进展开的。

第四章、第五章、第六章和第七章是本书的研究核心。核心内容是根据购买力平价的测算逻辑，分别对基本类水平价格汇总方法和基本类以上水平价格汇总方法进行改进。

第四章是基本类水平汇总方法的改进：国家产品虚拟（country product dummy，CPD）法异方差问题及处理。首先，从理论层面系统剖析 CPD 法价格异方差产生的各种原因，并强调 CPD 法价格异方差的复杂性与难以捕捉的特点。其次，提出引入计量经济学中基于残差为权重的加权最小二乘（weighted least squares，WLS）估计方法，将该方法应用于 CPD 模型的参数估计中。最后，以 2011 年 ICP 居民实际消费支出中各大类商品的价格数据和支出数据为例，测算了用 CPD 法计算的各国购买力平价的标准误，并实证检验 WLS 估计方法对各国购买力平价可靠性的提高程度，同时对比分析价格异方差的存在对欧盟-经济合作与发展组织（Organization for Economic Cooperation and Development，OECD）和非欧盟-OECD 国家购买力平价估计的影响差异。实证结果充分说明，引入 WLS 估计方法能显著提高各国购买力平价估计的可靠性。实证结果还表明，如果不考虑价格异方差，相对而言，以发展中国家（地区）为主的非欧盟-OECD 国家购买力平价将被系统性低估。

第五章是一类基本类以上水平汇总方法及其替代偏差的测算。将系统地介绍八种满足"可加性"的汇总方法的基本原理、演进脉络、经济理论基础及延伸思考。并从替代偏差的视角，首次全面地对这些方法进行优劣比较。本章实证研究还将重点回答以下几个问题：①哪种可加性方法的替代偏差相对最小？以期为应用者在方法选择上提供参考；②提高方法的特征性是否可以降低替代偏差？以期为方法的改进指明方向；③从替代偏差的角度，在对欧盟-OECD 经济体与非欧盟-OECD 经济体的影响上，方法之间是否存在显著差异？第五章的研究有助于加深对满足可加性的汇总方法的认识、为这类方法的应用选择提供参考依据，同时还将为第六章的研究提供重要的理论与实证依据。

第六章和第七章是对基本类以上水平汇总方法的改进。第六章提出一种新的汇总方法——最大化双边特征（maximal bilateral characteristic，MBC）法。将根据特征性的定义，借鉴 GEKS（Gini-Elteto-Koves-Szulc）法通过逼近 Fisher 指数以满足特征性的方式，最终基于一个非线性最优化过程逼近 Fisher 指数的视角，构建一种满足可加性、最大化特征性的购买力平价汇总方法——MBC 法。基于第五章的重要结论：提高特征性与降低替代偏差存在内在的一致性。在此将进一步通过一个实例比较 MBC 法与八种可加性方法的替代偏差。实例分析结果充分说明，MBC 法相比其他满足可加性的汇总方法，在降低替代偏差的效果上最优。MBC 法的重要现实意义在于，可以改变由于购买力平价使用目的不同需要选择不同的汇总方法这一现状。

第七章构建 MBC 法的一般化形式——加权 MBC（weighted MBC，WMBC）法。针对基于双边指数构建的 MBC 法，将进一步放松 MBC 法视所有双边比较同等可靠性的假设。本章认为，不同双边比较的可靠性存在差异，有必要根据双边比较的可靠性程度，使得不同双边比较在 MBC 法国际平均价格向量的构造中发挥不同的作用，借此提出含权重的 MBC 法。基于拉氏帕氏距离（Laspeyre-Paasche spread，LP 距离）、价格结构（非）相似性指数和数量结构（非）相似性指数等可以反映双边比较可靠性的指标，借此引入七种权重函数。最后采用 WMBC 法，计算和比较在不同权重下的购买力平价，以验证考虑不同双边比较可靠性的必要性与可行性。

第八章是全书研究结论与研究展望。

本书的创新点归纳如下。①理论贡献。一方面，提出一种满足更多优良性质的基本类以上水平价格汇总方法。根据特征性的定义，借鉴 GEKS 法通过逼近 Fisher 指数以满足特征性的方式，最终基于用一个非线性最优化过程逼近 Fisher 指数的视角，构建一种最大化特征性的多边价格汇总方法——MBC 法。MBC 法改进了当前基本类以上水平汇总方法的不足，结合了 GEKS 法的特征性和 GK 法的可加性优点，且能降低替代偏差，因此可以改变由于购买力平价使用目的不同需要选择不同的汇总方法这一现状。另一方面，在 MBC 法的基础上，将进一步考虑不同双边比较的可靠性差异问题，又提出 WMBC 法。基于 LP 距离、价格结构（非）相似性指数和数量结构（非）相似性指数等可以反映双边比较可靠性的指标，构建七种权重函数供实际应用者参考。②技术贡献。改进基本类水平价格汇总方法（CPD 法）的估计方法。系统地剖析基本类水平价格汇总方法——CPD 模型存在的价格异方差问题，并强调这种异方差的复杂性与不易识别性。根据异方差结构的特点，引入计量经济学中基于残差为权重的 WLS 估计以消除异方差的方法，将该方法应用于 CPD 模型的参数估计中。③应用贡献。比较一类满足可加性的汇总方法的优劣。系统地介绍了一类满足可加性的多边价格汇总方法,并从替代偏差的视角,首次全面地对这类方法进行优劣比较。这项研究的重要贡献在于,有助于应用者选择相对最优的方法,不仅加深了我们对方法的认识,还指出了方法的改进方向。

  本书由辽宁省人文社会科学重点研究基地东北财经大学国民核算研究中心资助出版。本书是教育部人文社会科学研究基金"多边价格指数链式方法研究"(19YJC910006)的阶段性研究成果。

目 录

第一章 绪论 ·· 1
   第一节 ICP 的由来与本书选题价值 ··· 2
   第二节 空间价格指数汇总方法的发展及应用梳理 ····························· 6
   第三节 本书内容安排 ·· 18

第二章 国际比较的方法论基础 ·· 20
   第一节 国际比较的基本方法 ·· 20
   第二节 购买力平价测算的方法论基础 ·· 37
   第三节 多边指数理论 ·· 54

第三章 多边比较方法问题探析 ·· 60
   第一节 理论层面问题探析 ··· 60
   第二节 应用层面问题探析 ··· 65
   第三节 拟解决的关键问题 ··· 69

第四章 基本类水平汇总方法的改进：CPD 法异方差问题及处理 ············ 73
   第一节 CPD 法发展的技术脉络 ·· 73
   第二节 CPD 法的计算逻辑 ··· 74
   第三节 价格异方差问题与 CPD 法的改进 ····································· 78
   第四节 实例分析 ··· 82
   第五节 本章小结 ··· 89

第五章 一类基本类以上水平汇总方法及其替代偏差的测算 ···················· 90
   第一节 可加性的重要性 ·· 90
   第二节 满足可加性的多边比较方法及其基本逻辑 ·························· 91
   第三节 替代偏差的经济学机理 ··· 104
   第四节 替代偏差的测度框架、数据来源与方法求解说明 ··············· 106
   第五节 替代偏差测度结果解读 ··· 109
   第六节 本章小结 ·· 114

第六章 基本类以上水平汇总方法的改进：MBC 法的提出 ···················· 115
   第一节 官方比较方法的现实困境 ·· 115
   第二节 已有满足特征性的汇总方法探析 ···································· 116
   第三节 MBC 法的基本逻辑 ·· 121

第四节　实例分析与方法比较总结 …………………………………… 126
　　第五节　本章小结 ……………………………………………………… 128
第七章　双边比较的可靠性差异问题与 WMBC 法 ………………………… 129
　　第一节　关于 MBC 法的进一步思考与 WMBC 法的构建 …………… 129
　　第二节　WMBC 法权重的选择 ………………………………………… 131
　　第三节　实例模拟 ……………………………………………………… 135
　　第四节　本章小结 ……………………………………………………… 137
第八章　研究结论与展望 ……………………………………………………… 138
　　第一节　研究结论 ……………………………………………………… 138
　　第二节　研究展望 ……………………………………………………… 142
参考文献 ………………………………………………………………………… 144
附录 ……………………………………………………………………………… 153
　　附表　WLS 估计与 FGLS 估计下的标准误对比 …………………… 153

第一章　绪　　论

总产出、投资和生产率的国际比较是国际经济统计的重要内容。虽然国民经济核算体系（system of national accounts，SNA）的诞生为各国官方统计机构提供了一套标准的国民经济核算账户体系。各国基于 SNA 可以编制一套在时间维度上具有连续性和可比性的国民经济核算账户，基于这些账户，我们可以了解本国在一定时期内的国民经济运行状况，如生产、消费和积累等国情现状。

然而，在空间维度上，各国货币度量单位不同、价格不同，使得各国的国内生产总值（gross domestic product，GDP）、投资等经济指标并不具备可比性。即便是如中国、印度、巴西等区域经济发展不平衡的发展中大国，同样单位的货币在一国内部的购买力差异亦存在，这也导致省（或者州）之间的经济总量数据不可比。就上述情况而言，一个共同的问题是，货币在国家之间或者一国内部不同地区之间的购买力不同。因此，要进行经济总量的比较，就需要剔除货币购买力或者是价格在空间上的差异性，即最终进行的是纯物量的比较。为此，我们需要使用购买力平价（purchasing power parity，PPP）指数。

不同于时间维度的价格指数，如消费者价格指数（consumer price index，CPI）、生产者价格指数（producer price index，PPI）等，由于国家之间的经济结构差异、消费结构差异往往较大，居民消费的商品篮子在国家之间可能千差万别，相比之下，要获得合理的空间维度的价格指数的难度更大。PPP 指数作为一个重要的货币转换因子，其用途是获得可比的经济指标。毋庸置疑，价格指数汇总方法的好坏直接决定 PPP 数据质量的高低，可见，方法的重要性不言而喻，而 PPP 数据质量又直接影响相关国际比较结果的准确性。这主要表现为两方面的准确性比较问题：①准确进行国家间货币购买力及价格水平的比较；②从物量层次准确地进行国际经济、福利、生产率、贫困、不平等一系列的区域及全球性的国际比较。

第一节 ICP 的由来与本书选题价值

一、ICP 的由来

收入的国际比较一直是国际经济统计的重要内容,在第一次世界大战前,汇率是用于国际经济比较的唯一货币转换因子。Cassel（1918）提出了购买力平价理论,其是作为汇率决定理论出现的。Cassel 指出,两国间的一般价格水平决定两国间的汇率,因此在任何时刻,两国间的真实平价可以使用两国货币购买力的比值来表示。Cassel 建议将这个平价称作购买力平价,后来这一理论也称作绝对购买力理论。购买力平价理论提出之后,学术界开始重视汇率法在国际经济比较中的缺陷。汇率的主要问题在于,无法反映两国间的一般价格水平,只能反映一国货币在国际贸易中的购买力,但却无法反映其在本国的购买力,因此汇率也就无法准确衡量一国货币的真实购买力。随后,学术界开始研究如何进行国家间一般价格水平的比较,从而进行实际收入的比较[①]。

真实收入的比较,最早可追溯到 King（1936）对英格兰、荷兰和法国人均收入的比较。但真正将 Cassel 的购买力平价理论应用于国际比较的是 Clark（1940）出版的《经济发展的条件》（*The Conditions of Economic Progress*）。Clark 将 Fisher 价格指数与购买力平价理论相结合,首次提出并使用购买力平价。Clark 使用居民最终消费支出数据和价格数据,计算了包括 30 个国家在 1929 年的 PPP,以及包括超过 12 个国家在 1946 年的 PPP。Clark 这一项开创性的工作充分展示了基于购买力平价进行国际比较在实践上的可行性。这两项具有代表性的研究为随后具有规模化、有组织的国际比较奠定了坚实的基础。

第二次世界大战后,国民经济核算理论、方法和实践均得到蓬勃发展,以斯通（Stone）和库兹涅茨（Kuznets）为代表的一批经济学家构建了现代 SNA 的基本框架。SNA 的诞生为国民生产总值（gross national products,GNP）、GDP 及其主要总量的一致测算提供了框架,这对以 GNP 为核心指标的国际比较的早期研究有着实质性的影响。Gilbert 和 Kravis（1954）、Gilbert（1958）以及 Paige 和 Bombach（1959）的研究开创了基于 SNA 进行现代国际比较的先河,这些研究成果奠定了后来建立 ICP、产出和生产率国际比较（international comparison of output and productivity,ICOP）的理论基础,被认为是现代国际比较的奠基之作。他们的研究成果促使汇率法逐渐被削弱,购买力平价法开始取代汇率法,逐步成为国际经济比较的主流方法。

---

① 在国际经济比较中,剔除价格影响（或经购买力平价折算）后的收入称作实际收入,而经汇率折算后的收入称作名义收入。

自此，在学术界和有关国际组织逐渐兴起购买力平价测算和国际经济比较的浪潮，涌现出大量研究成果。一些国际组织为了解相关经济问题，在购买力平价的测算上作出了诸多尝试，这些国际组织包括如 OECD 的前身——欧洲经济合作组织（Organization for European Economic Cooperation，OEEC）、经济互助理事会（Council for Mutual Economic Assistance，CMEA）、世界银行、拉丁美洲经济委员会（Economic Commission for Latin America，ECLA）等。此外，还包括众多国家的政府机构所做的工作，如加拿大、德国、日本、苏联、美国等，同时还包括一些个人的研究成果。可是，不管是官方组织还是个人的研究，所关注的视角不同，在比较的国家数量、比较的时间点上不同，以及所使用的方法不同，最终也就无法得到一致的、全球性的、可靠的比较结果。最关键的是，没有形成一个统一的国际比较框架，以供在世界范围、在时间上可以持续性比较。

基于上述考虑，在 1965 年 UNSC 第 13 次会议上，首次提出将以往的、不完全的比较发展成更为完整的、全球性的比较。为此，需要对过去有关国际组织、国家机构以及个人的研究经验进行系统性的研究，以形成这项工作的专门建议。1967 年，这项建议得以完成。随后，在 1968 年 UNSC 第 15 次大会上，正式成立 ICP，并委托宾夕法尼亚大学的 Kravis、Heston 和 Summers 三位专家共同主持 ICP 方案的研制，开创并发展以购买力平价理论为基础的国际比较方法，同时确定 1970 年为第一轮国际比较的基准年份。ICP 的目的就是为测算购买力平价及进行全球性的国际比较提供一个完整的理论框架、方法论框架与操作指导。

截至 2011 年，ICP 已开展过 8 轮调查活动，基准年份分别是 1970、1973、1975、1980、1985、1993、2005 和 2011，参与 ICP 的国家也由最初的 10 个，发展到 2011 年的共 199 个国家和地区。前三个阶段是在 UNSC 支持下，主要由 Kravis、Heston 和 Summers 三位教授共同主持完成的，这一时期形成了 ICP 的方法论基础；中间三个阶段是由 UNSC 和欧洲共同体委员会合作完成的；从 2005 年开始，世界银行全面接手 ICP 的实施工作。随着参与国数量的增多，ICP 所采用的比较方法也从前三轮的双边比较方法发展到后五轮的多边比较方法。在 2010 年 UNSC 第 41 次会议上，正式将 ICP 确定为常规性的国际统计合作活动，每 5 年或 6 年进行一次全面的价格调查，自此，ICP 已成为全球范围内最大型的官方统计项目。

二、本书研究目的与价值

在经济全球化的今天，采用购买力平价法衡量和评价全球经济社会发展现状显得尤为重要，这已经是国际社会达成的共识。正是出于对相关经济分析研究和政策制定的需要，这也是有关国际组织和各国大力投入人力、物力、财力开展全球性的 ICP 活动的根本原因。目前，ICP 所提供的 PPP、实际 GDP 和人均 GDP

等数据除了应用于国际竞争力比较、生产率比较、投资回报等领域,还广泛应用于有关国际组织。例如,世界银行采用 PPP 制定了每人每天 1 美元的国际贫困线,并以此测算全球贫困率,该贫困线也是联合国"千年发展目标"用于减贫监测的主要统计指标;世界银行根据实际人均 GDP 标准,重新划分了低、中、高等收入国家组别;联合国开发计划署(United Nations Development Programme,UNDP)测算的人文发展指数也需要用到实际人均 GDP 指标;国际货币基金组织(International Monetary Fund,IMF)在《世界经济展望》报告中采用购买力平价法加权计算世界经济增长率,作为预测世界经济发展趋势的重要依据;IMF 在计算成员国特别提款权份额公式中引入了实际 GDP 指标;联合国教科文组织和联合国儿童基金会应用 PPP 来比较各国人均医疗费用支出和教育费用支出;众多国际组织应用 ICP 数据来确定派驻国外的员工工资和津贴标准等。

虽然 ICP 数据已被诸多国际权威组织广泛应用于各个领域,但历年 ICP 数据一经公示,均引起国际社会的广泛讨论,所关注的一个焦点就是 ICP 数据结果的可靠性问题。2011 年是中国首次全面参与 ICP,世界银行 2014 年 7 月公示了该轮 ICP 的比较结果,国际社会对此反响强烈。一个引人关注的焦点是,经过购买力平价折算,中国的实际 GDP 总量在 2011 年已达到美国的 86.88%,而采用汇率法则仅及美国的 47.14%。与世界发展指标(word development indicator,WDI)2013 版本的结果相比,中国 ICP2011 的比较结果上调幅度达到 35.36%。不同方法下的比较结果所呈现的巨大差异降低了 ICP 比较结果的可信度。更让人难以置信的是,世界银行根据 ICP2011 的结果随即做了最新预测:2014 年中国的实际 GDP 总量将超过美国,一举成为全球第一大经济体。该消息一经发布,立即引起国际社会对新一轮 ICP 测算结果合理性和准确性的热议。

ICP2011 初步报告中也特别提到,有关国家对世界银行所采用方法的某些方面持保留意见,不同意世界银行公示其比较结果。

ICP2011 的数据结果提醒我们要保持清醒的头脑,世界银行公示的数据可能存在一定的偏差。这同时也警醒我们对有关国际组织应用 ICP 数据的分析结果也该持审慎的态度。PPP 是 ICP 的核心指标,其计算也是 ICP 的基础性工作。计算 PPP 需要搜集 ICP 各参与国兼具可比性与代表性的货物和服务的价格数据及支出数据。在此基础上,再使用价格指数汇总方法计算 GDP 及其支出构成各层面的 PPP。因此,PPP 的测算可能会受到基础价格数据误差、支出数据误差以及汇总方法的影响而出现偏差。基础价格数据误差和支出数据误差的控制主要属于实际统计部门的职责,而从研究的角度看,如何改进 PPP 汇总方法,得以从方法的角度提高比较结果的准确度,也就成为国际比较研究者需要重点关注的内容。

自购买力平价理论提出以来,伴随着 ICP 的不断实施与完善,诸多多边价格汇总方法相继发展。世界银行2013年出版的ICP官方手册《测度世界经济的真实规模——ICP的框架、方法与结果》，其中有近三分之一的篇幅都在讨论与多边价格汇总方法有关的议题（World Bank，2013）。由此可见，多边价格汇总方法的重要性不言而喻。以ICP应用的方法为核心，站在整个汇总方法发展的历史长河看，当前关于方法的研究还存在诸多亟待解决的问题和争议。例如，针对一类满足可加性的汇总方法，在应用中该如何选择；如何提高基本类水平价格汇总方法的估计精度；世界银行现行方法重支出物量比较，ICP比较结果无法用于支出结构分析，有待发展能兼顾可加性与特征性的基本类以上水平价格汇总方法。本书围绕对多边价格指数汇总方法的改进开展研究，尝试对上述问题做出解答。

ICP自创建伊始，一直由发达国家主导，中国于2011年才首次全面参与ICP。相较国外，国内了解和研究ICP的学者甚少，这导致在这样一项国际官方统计活动中，中国居于劣势，话语权不够。当前，国内对ICP的研究较为滞后，关于ICP方法论的研究更为滞后。在这样的背景下，研究当前多边价格汇总方法存在的问题并尝试对方法进行改进，不仅可以推动ICP的完善、提升PPP数据质量，还可以提升中国在ICP中的地位、增加话语权。与此同时，方法性的研究对开展国内省际价格和物量比较而言，至少在方法层面具有重要的指导价值。从具体研究内容看，本书的研究价值主要体现在以下几个方面。

第一，理论上系统阐述了基本类水平价格汇总方法——CPD法价格异方差的来源，并引入WLS估计方法对CPD法进行改进，这对提高基本类水平PPP的估计精度具有重要的理论意义。基本类水平PPP估计精度的提高也有助于基本类以上水平PPP数据质量的提升。

第二，系统比较所有满足可加性的多边价格汇总方法的方法论机理，并从替代偏差的视角，首次全面地对这些方法进行优劣比较，得出了一些重要的结论。这不仅加深了我们对这类方法的进一步认识，同时在应用层面，对如何选择满足可加性的汇总方法具有重要的现实指导意义。

第三，结合GK（Geary-Khamis）法的可加性优点和GEKS法的特征性优点，本书提出一种新的基本类以上水平价格汇总方法及其加权形式。该方法的重要意义在于，不仅可以解决ICP现行方法导致的分量加总和总量不等价的问题，即该方法满足可加性，同时还最大限度地保留了双边比较的特征，由此改变需要根据PPP的具体用途来选择不同的汇总方法这一现状。

总之，本书的研究目的是比较现有多边价格汇总方法、总结不足、加深对方法的认知，以当前方法存在的问题为导向，尝试对方法进行改进。概括来说，本书的突出意义是，通过对方法的改进，以期解决相关方法的理论缺陷、指导应用实践。

第二节 空间价格指数汇总方法的发展及应用梳理

空间价格比较可以分为两两（两国或者两个地区）之间的双边比较，也可同时进行多个国家间的比较，即多边比较。国际比较中的价格指数方法是从双边比较逐步发展到多边比较的历程，因此本书对空间价格指数汇总方法的文献回顾将从双边比较方法和多边比较方法分别进行，重点介绍多边比较方法。此外，国内对空间价格汇总方法的研究，尤其是关于多边比较方法的研究起步较晚、对各方法的研究不全面、对方法发展的贡献不足，本书也将以从国外研究到国内研究的逻辑行文。

一、双边比较方法及其应用

（一）国际研究

购买力平价汇总方法的提出和发展都源自欧美一些经济发达国家，这得益于这些国家对国际经济比较的强烈需求、第二次世界大战后科学技术在这些国家的快速发展，以及这些国家对统计能力建设的重视。在购买力平价用于国际比较的初期和ICP的前三轮比较活动中，由于参加国数量较少，购买力平价汇总方法主要采用的都是双边指数方法，这些方法是在继承和推广已有时间价格指数的基础上形成的，如常用的Laspeyres指数、Paasche指数、Fisher指数、Tornqvist指数、Jevons指数等。

具体地，在ICP成立之前的早期研究中，这些研究均是尝试性地进行国际经济比较，选择比较的国家较少，因此主要应用的是双边比较方法。比较有代表性的研究是支出法国际比较和生产法国际比较的几个奠基之作。如Gilbert和Kravis（1954）首开先河，全面分析了以汇率法为基础的国际经济比较存在的不足，选择1950年为比较年份，并从支出的角度，分别采用Laspeyres指数、Paasche指数和Fisher指数计算的PPP，对英国、德国、法国和意大利四国与美国之间的经济总量进行了双边比较。Gilbert和Kravis的开创性工作掀起了国际上用PPP进行国际比较的热潮，这对后续研究产生了重要影响。随后，Gilbert（1958）在OEEC的支持下，同样采用上述指数对西欧与美国之间的经济发展水平进行了比较研究。Paige和Bombach（1959）则从生产的角度，同样采用双边指数方法，对美国和英国的经济进行了比较。Gilbert和Beckerman（1961）在上述支出法和生产法的基础上，进一步考虑了前人研究在相关理论方面的不足，分别从支出和生产的角度，应用Laspeyres指数和Paasche指数，比较了英国和美国在1950年的人均GNP。

1968年ICP正式成立后，UNSC聘请国际比较领域的权威专家对国际比较方法进行了深入研究，并主要委托Kravis、Heston和Summers等三位专家共同主持完成前三轮国际比较活动。前三轮 ICP 采用双边比较法的基本思路是，收集各国基本类产品的价格数据和支出数据，采用 Jevons 指数计算各国相比参照国（一般均以美国为参照国）的基本类水平的 PPP 数据，再采用 Laspeyres 指数、Paasche 指数和 Fisher 指数等双边价格指数公式，对基本类水平的 PPP 数据进行汇总，从而得到各国相对于参照国的基本类以上水平的 PPP 数据，直至 GDP 层面的 PPP 数据，最终采用这些 PPP 数据进行国家间价格水平、实际支出和经济发展水平的比较（Kravis et al.，1975，1978，1982）。

（二）国内研究

从出现国际经济比较开始，到 ICP 实施的前七轮，中国只是部分城市或者部分省市参与了 ICP 的价格调查活动，并未全面参与 ICP。但随着中国经济的持续快速发展，中国经济越来越受到国内外的关注，为了解中国经济在全球的真实现状、中国与一些主要发达国家的经济差距、中国制造业的生产效率与某些发达国家的生产效率的比较，国内一些学者开始关注中国经济的国际比较问题，这些研究主要应用双边指数方法来比较中国与相关发达国家的重要经济问题。

较早应用双边比较方法进行中国经济实力的国际比较研究且最具代表性的学者是来自北京航空航天大学的任若恩教授。任若恩教授在国家自然科学基金的资助下，长期从事中国经济的国际比较研究，取得了诸多在国内外产生较大影响的研究成果。任若恩（1998）分别采用 Laspeyres 指数、Paasche 指数和 Fisher 指数，计算了 1980～1992 年中国制造业相比美国制造业的 PPP，并依此对中美制造业主要分支部门的劳动生产率进行了动态比较；同时应用 Laspeyres 指数、Paasche 指数、Fisher 指数和 TT 指数，分别计算了日本、德国、韩国、英国、中国在 1987 年相较美国制造业的 PPP，并进行了两两国家的劳动生产率比较。任若恩等（2006a）在研究中美经济规模的国际比较中，从生产法的角度，采用 Laspeyres 指数和 Paasche 指数，分别计算了 1995 年中国相比美国在各样本行业的 PPP，然后结合各行业的增加值数据加权计算得到整个行业的 PPP 和中国的 PPP，并对中美经济进行了比较。任若恩等（2006b）采用上述同样的方法，从生产的角度计算了 1995 年中日可比的 PPP，并对两国经济规模进行了比较。

郭熙保（1998）选择 1994 年为比较年份，从支出法的角度，应用 Fisher 指数计算了中国相比美国的 PPP，并对两国 GDP 和人均 GDP 进行了比较。余芳东和任若恩（2005）在国家统计局以部分城市参加 OECD1999 年一轮购买力平价项目试验性合作研究的基础上，采用 Laspeyres 指数、Paasche 指数、Fisher 指数，分别计算了中国相比 OECD 的 PPP。余芳东（2006）采用 Jevons 指数和加权算术平均指数，计算了 2005 年我国 31 个省区市城镇居民消费差价指数，并对各地区的实际收入差距进行了比较。

柏满迎等（2008）分析了双边 Fisher 指数的缺陷，对其提出了两种改进方法以提高比较的精度：一是引入 Laspeyres 指数和 Paasche 指数的方差概念，对 Fisher 指数进行改进；二是利用最优化方法改进 Fisher 指数。上述学者利用改进的方法测算了 1995 年中国与美国制造业的产出 PPP，同时与原始 Fisher 指数下的结果进行了对比。这是为数不多的、尝试对价格汇总方法进行改进的国内研究成果。

（三）评述

从国际比较中双边比较方法的动态发展看，空间上的双边比较方法仅是对时间价格指数的变形，仅仅是从两个不同时间维度过渡到两个不同的空间维度。亦或从公式的形式上理解，双边价格指数只是改变了时间价格指数公式的表现形式，但其实质并未改变。在 ICP 实施区域化比较之前，两个不同时点上的价格比较已经形成了一套非常成熟的方法体系，也积累了非常丰富的实践经验。因此，从方法的角度上看，要进行双边价格比较也就显得较为容易。学术界和有关国际组织主要关注将现有的时间价格指数应用到有关双边国际经济比较与生产率比较中。

二、多边比较方法及其应用

由于双边比较方法的局限性，直接双边比较方法只能进行两两国家间的直接比较，无法通过第三国进行间接比较，即双边比较不具有传递性。参与比较的国家越多，双边比较方法的效率越低。虽然直接双边比较方法可以最大限度地反映两国的价格特征和支出模式，但双边比较的结果无法对各国进行排序。

为此，ICP 又采用桥梁国双边比较方法（以美国为桥梁国）以实现具有传递性的比较结果。但要维持传递性，就需要保证国家间的篮子产品一样，同时还要求使用统一的支出权重。当参与的国家数量较多时，国与国之间的消费结构差异越大，篮子产品的差异也越大，为保证传递性，势必会损失一些国家的产品价格信息。因此，这种桥梁国双边比较方法会扭曲直接双边比较方法的结果。此外，当选择的桥梁国或者基国发生变化时，国与国之间的比较结果也会发生变化，因此桥梁国双边比较方法无法保证比较结果的唯一性，即不满足基国不变性（Kravis et al., 1975）。

鉴于双边比较方法的上述缺陷，一些学者开始尝试设计一些多边比较方法，以尽可能利用到所有参与国的篮子商品价格信息，提高直接双边比较的效率。随着 ICP 参与国数量的增多、ICP 区域化的实施，多边比较方法越来越受到学术界的重视,众多多边比较方法不断涌现,多边比较方法也随即成为 ICP 和有关国际组织进行国际经济比较的主流方法。

(一)国际研究

在多边价格比较中,最终要计算得到 GDP 层面的 PPP,先是要对采价产品的价格数据进行汇总,得到基本类水平的 PPP。然后,再用基本类水平的 PPP 数据,并结合基本类支出数据,汇总得到基本类以上水平的 PPP 直至 GDP 层面的 PPP。由于基本类以下层面的商品不存在支出数据,而且各国基本类水平的代表性商品也存在差异,即两国在同一基本类水平下的代表性消费品可能不同,因此基本类水平的价格汇总方法和基本类以上水平的价格汇总方法存在较大差异。因此,本书将就基本类水平价格汇总方法和基本类以上水平价格汇总方法分别进行讨论。

1. 基本类水平价格汇总方法

从基本类水平价格汇总方法的发展和应用看,主要存在两种多边价格汇总方法——GEKS 法和 CPD 法,这两种方法一直是 ICP 进行基本类水平价格汇总时的唯一方法。

GEKS 法的基本思想形成于 Gini(1924,1931),最初用于构造具备传递性的时间价格指数。后来,鉴于在国际经济比较中使用双边价格指数会导致比较结果不具有传递性和基国不变性,匈牙利统计学家 Elteto 和 Koves(1964)和波兰统计学家 Szulc(1964)尝试将 Gini 方法的基本思想应用于国际比较,试图使得双边比较结果过渡到多边比较中。具体处理方式是,选定每一个国家均作为桥梁国,多边比较下的任意双边比较将等于两国分别在与所有桥梁国衔接下的双边比较结果的几何平均值[①]。这样,通过桥梁国的衔接保证了传递性,同时,由于每一国都被视作桥梁国处理,这又保证了基国不变性。从实际应用看,在基本类水平价格汇总中,GEKS 法是对 Jevons 指数的几何平均,ICP2011 官方手册将该方法称作 Jevons-GEKS 法。

Jevons-GEKS 法提出后,长期以来受到欧盟区域所在 PPP 项目的重视。该方法从 20 世纪 80 年代开始,一直是欧盟区域所采用的基本类水平价格汇总方法,随后也应用于欧盟-OECD 区域的 PPP 项目。随着欧盟-OECD 项目代表性概念的提出,即在计算基本类水平 PPP 时,应该考虑国家间不同商品的代表性和非代表性问题,Jevons-GEKS 法又衍生了两个改进版本——Jevons-GEKS*法(OECD,

---

① 具体公式是,假定有 n 个参与国际经济比较的国家,GEKS 法是通过一个几何平均过程,将双边比较过渡到多边比较,以达到传递性的目的,多边比较下的两国 PPP 为 $PPP_{jk} = \left[\prod_{i=1}^{n} PPP_{ji}^{双边} \cdot PPP_{ik}^{双边}\right]^{\frac{1}{n}}$。

1999；Ferrari et al.，1996；Ferrari and Riani，1998）和 Jevons-GEKS*（S）法（Sergeev，2003）。这些改进的方法对提高基本类水平 PPP 的估计质量具有重要作用。

另一种非常重要的汇总方法是 Summers（1973）提出的 CPD 法。CPD 法的最初目的是试图采用一个 Hedonic 回归模型来填充某些国家缺失的商品价格数据。当各国的价格数据不平衡时（即无法得到一张完整的价格数据表），GEKS 法会丢失一部分商品价格信息，而 CPD 法则可以充分利用所有的商品价格信息，即不存在丢失任何价格信息的可能，因此 CPD 法后来逐渐推广应用于多边国际比较。在由宾夕法尼亚大学研究团队负责的前三轮 ICP 中，一直应用 CPD 法。由于 CPD 法是一种随机方法，其灵活性非常强，我们可以在回归模型中添加新的变量，也可以基于随机误差项的不同假定对回归模型进行适当变换，以此处理一些特殊问题。

CPD 法的灵活性特征引起了学术界的极大关注，在过去的几十年，尤其是近十多年，一些 CPD 法的变形方法相继涌现。这些方法的共同目的都是解决原始 CPD 法未曾考虑的问题，如处理商品代表性问题的 CPRD（country product representative dummy）法（Cuthbert J and Cuthbert M，1988）、考虑进行商品质量调整的特征 CPD 法（Aten，2006）、处理空间价格相关性问题的空间 CPD 法（Aten，1996；Rao，2004）、考虑平均价格重要性差异的加权 CPD 法（weighted CPD，WCPD）法（Rao and Timmer，2003；Rao，2004；Diewert，2005）以及在 CPRD 法模型中进一步引入城市哑变量和零售商类型哑变量的 CPRUOD（country product representative urban outlet dummy）法（Hill and Syed，2015）。

值得注意的是，如何消除商品质量差异对价格比较的影响一直是多边价格比较中的重点难题。已有相关研究主张采用 CPD 模型进行质量调整，这些研究主要是将基于 Hedonic 质量调整的方法引入 CPD 模型中，且进行质量调整的 CPD 模型大同小异，如 Hill 等（1997）、Kokoski 等（1999）、Tripplet（2000）以及 Rao（2001）等的相关研究。从方法的实际应用看，考虑质量调整的特征 CPD 法对反映商品质量特征的数据有着极高的要求，现实条件往往难以满足。如何进行质量调整仍是 ICP 悬而未决的难题。

2. 基本类以上水平价格汇总方法

当获得基本类水平的 PPP 数据时，基本类水平的 PPP 数据表和支出数据表均是一张完整的、平衡的表格，往往存在大量的缺失数据，基本类以上水平的价格汇总则较易处理。在多边比较中，需要利用适合基本类以上水平的价格汇总方法将这些数据进行汇总，以计算得到基本类以上水平的 PPP，最终汇总得到 GDP 层面的 PPP。从多边价格汇总方法发展的历程看，学术界更专注于如何进行基本类以上水平的价格汇总，在过去的半个多世纪，已涌现出诸多基本类以上水平价格汇总方法。

根据各方法形成的基本原理，可将这些方法分成三个大类：统计指数法、经济指数法和随机法，而大部分方法又属于统计指数法的范畴。

1）统计指数法

首先介绍 ICP 用过的两种多边价格汇总方法：基于 Fisher 指数构建的 GEKS 法和 GK 法（Geary，1958；Khamis，1970）。在 ICP 发展的历史长河中，使用最久、在 ICP 方法体系中占有重要历史地位的方法是 GK 法，该方法也是国际经济比较领域应用最为广泛的方法之一。GK 法最初由 Geary 推荐给联合国粮食及农业组织（Food and Agriculture Organization of the United Nations，FAO），用于计算区域和世界的食品与农业生产价格指数。GK 法构造的基本原理是，试图采用各国的价格和支出数据构建一个国际平均价格向量，然后基于此国际平均价格进行各国经济实力的比较。由于基本类存在支出数据，这就在进行基本类以上水平价格汇总时可以考虑各国的支出模式，即在构建指数的过程中可以采用权重，因此 Elteto 和 Koves（1964）、Szulc（1964）又将 Fisher 指数过渡到多边比较中以满足传递性。另一种采用 GEKS 法原理的方法是 CCD 法（Caves et al.，1982），CCD 法是采用 GEKS 法获取传递性的方式，将 Tornqvist 指数过渡到多边比较中，主要用于生产率的国际比较。

GK 法和 GEKS 法从多边比较方法应该满足的公理化性质比较，两种方法各有优劣，这也是历年轮 ICP 选择何种方法的判断依据。GK 法的主要优点是满足可加性，可以进行结构分析；缺点是存在替代偏差，容易高估发展中国家的实际经济总量，且不满足双边比较的特征性。GEKS 法的主要优点是不存在替代偏差，且满足特征性；缺点是不满足可加性，无法用于实际经济结构分析。为此，诸多方法均是针对 GK 法和 GEKS 法的不足而衍生的。

从 GK 法国际平均价格向量的构造看，其本质是一种数学平均思想，其构造原理较为简单。且 GK 法具有诸多优良性质，但平均的形式、权重的选择可以从多角度考虑，这使得众多 GK 法的变形法得以产生。这些方法的主要区别是与 GK 法中国际平均价格向量的构造形式不同，亦或者是构造 PPP 的公式不同，大部分方法的初衷是降低 GK 法存在的替代偏差。这些方法主要有 IDB（Ikle-Dikhanov-Balk）法（Ikle，1972；Dikhanov，1994；Balk，1996）、Gerardi 法（Gerardi，1974）、Van Ijzeren 法（Van Ijzeren，1987）、Rao system（Rao，1990）、YKS 法和 Q-YKS 法（Kurabayashi and Sakuma，1982，1990）、KS-S 法（Kurabayashi and Sakuma，1981，1990）、EWGK 法（Hill，1997；Rao，2000）、SRK 法（Sakuma et al.，2000）、最大化可能的特征价格（maximal possible characteristic prices，MPCP）法和标准化结构（standardized structure，SS）法（Sergeev，2009a）等。虽然上述方法均是对 GK 法的变形，但无一能完全消除替代偏差的影响，其中一些方法也不完全满足可加性①。上述方法中的大部分并不为人所熟知且没有得到推广使用,只有 IDB 法和 Gerardi 法曾被 ICP 和欧盟等官方组织使用。

当两国的经济结构、价格结构和消费结构差距较大时,Fisher 指数离未知真值指数较远,一些学者认为,基于 Fisher 指数构建的 GEKS 法应该采用权重的思想,以反映双边比较的准确性问题。对此,Rao(2001)又提出了加权 GEKS(weighted GEKS,WGEKS)法,并指出可以用三种距离函数作为加权模式:Hill 距离函数、经济距离函数和价格结构相似性函数。

与此同时,为改进 GEKS 法存在的上述缺陷,两种空间链式方法得以产生。Hill(1999a,2001)采用"图论"的思想,并结合价格结构相似性指标,提出了最小间隔树(minimum spanning tree,MST)法。MST 法的基本原理是:间隔树是一张覆盖所有国家的图,在该图中,任意两国只存在唯一的一条路径将两国链接起来,当存在 M 个国家时,就存在将所有国家都链接起来的 M^{M-2} 棵树;然后,从所有树中挑选一棵最优的;Hill 提出使用 Paasche-Laspeyres 距离(PLS)作为衡量两国价格结构相似性的指标,最终通过最小化所有国家的距离和求解得到最优树。从 MST 法的构建原理可知,MST 法求和距离最小时并不能保证某些双边比较的结果是最优的。为改进 MST 法的这一缺陷,Rao 等(2010)又提出了另一种链式法:最小距离(minimum distance,MD)法。MD 法就是要保证任意两国的比较都是最优的。遗憾的是,MST 法和 MD 法均不满足可加性,而且二者可能对价格结构相似性的度量方法十分敏感。Rao 等(2010)在 MST 法中引入两种度量价格结构相似性的方法,其结果差异最高达到 10%。价格结构相似性的度量方法众多,哪种方法最优并未在学术界达成一致意见(Kravis et al.,1982;Hill,1999a,1999b,2001,2004;Sergeev,2001),这些方法要被官方所认可,仍有待进一步研究。

2)经济指数法

考虑到所有满足可加性的汇总方法均无法完全消除替代偏差,因此必须利用经济学中的消费者替代效应理论和生产者替代效应理论,并从经济指数的角度消除替代偏差。

较早在国际经济比较中作此尝试的有 Rao(1976)、Rao 和 Coondoo(1984),他们基于成本函数构建了 PPP 指数公式。但是上述方法为强调替代效应而损失了可加性这一重要性质,而且需要满足消费者同偏好以及偏好是位似的,即能用一个线性齐次效用函数表示等非常苛刻的假设条件。随后,Neary(2004)、Neary 和 Gleeson(1997)进一步提出了 GAIA(Geary-Allen international accounts)法。GAIA 法考虑了消费者非位似偏好的情形,同时保留了可加性,近年来受到诸多

---

① 第五章将就所有满足可加性的汇总方法进行系统介绍。

学者的关注,并应用于相关经济分析中。Deaton 和 Heston(2010)、Feenstra 等(2009)则指出 GAIA 法的一大缺陷,认为 GAIA 法对每一国家使用单一的相对价格,未考虑各国的实际相对价格。ICP2011 官方手册也明确指出,经济指数法是否最优的多边汇总方法,仍有待研究(World Bank,2013)。

3)随机法

随机法较早可追溯到 Banerjee(1975)、Balk(1980)、Clements 和 Izan(1981,1987)以及 Selvanathan(1987,1989)等的研究。随机法是指数领域的一种重要方法,其一般思想是基于回归模型的原理。在随机法中。相对价格被视为潜在的价格指数与其他非随机成分和随机成分之和(Diewert,1995;Rao and Selvanathan,1996)。前面提到的基本类水平的 CPD 法及其变形法均属于随机法的范畴。

近年来,作为随机法出现的 CPD 法又取得了巨大的发展。在基本类以上水平价格汇总中,由于存在支出数据,诸多关于 CPD 法的研究也主张将 CPD 法应用于基本类以上水平价格汇总中。如 Rao(2001,2004)和 Diewert(2004,2005)详细阐述了 CPD 法用于基本类以上水平价格汇总时的优良性质;Diewert(2004,2010)和 Sergeev(2009b)介绍了如何用 CPD 法进行区域 PPP 到全球 PPP 的链接。相关研究还发现,通过 CPD 法可以构建随机法与相关双边、多边价格比较方法之间的关系。如 Diewert(2005)证明众多熟知的双边价格指数(如 Walsh 和 Tornqvist 价格指数)可以通过 CPD 法的变形推导得出;Diewert(2005)、Hajargasht 和 Rao(2010)、Rao(2005)、Rao 和 Hajargasht(2016)等证明用 CPD 法可以推导出相关多边价格指数方法(如 IDB 法、Rao system、GK 法等)及其标准误。这些研究进一步验证了 CPD 法的优良性质与应用价值。

3. 多边比较方法的官方应用

在 ICP 成立的初始几年,多边价格指数理论取得了许多重要进展,多边比较方法日趋成熟,多边价格指数汇总方法发展至今,已经形成了一套非常成熟的方法体系。作为全球最大型的官方统计活动,ICP 借鉴了这些多边比较方法,并将其融入 PPP 估算的总体框架中。从 1970 年实施第一轮 ICP 开始,ICP 在进行双边比较的同时,也开始采用多边比较方法进行基本类水平及基本类以上水平 PPP 的计算。

需要强调的是,不存在某一种价格指数汇总方法可以满足所有的指数优良性质(后面将对这些优良性质进行系统介绍)。大多数情况下,ICP 在方法上的选择是一个综合权衡的结果。即需要根据不同方法的优良性质、参加国数量及国家间的经济结构差异程度、PPP 数据的实际用途以及政策目标需要,综合考虑汇总方法的选择问题。

ICP 实施的前三个阶段,考虑到 CPD 法能够利用更多的价格数据信息、填充缺失价格数据以及可以获得 PPP 估计的标准误等优点,负责 ICP 的宾夕法尼亚大学的专家组偏好用 CPD 法进行基本类水平 PPP 的计算。由于 GK 法的国际平均价格具有鲜明的经济含义、比 GEKS 法具有可加性，因此专家组选择 GK 法作为基本类以上水平 PPP 的计算。

随着参与 ICP 的国家数量增多，1980 年 ICP 开始正式实施区域化，也开始由 UNSC 允许各区域采取不同的方法进行本区域的比较。ICP1980 仍采用 CPD 法和 GK 法作为不同水平的价格汇总方法，但从 1985 年开始，各区域采取的方法开始出现差异化。随着欧盟区域的比较项目提出代表性概念，并在采价中按照代表性与否对产品进行标识，在 ICP1985～ICP1993 这一阶段，欧盟区域基本类水平 PPP 的测算则采用 Jevons-GEKS 法，其他区域仍采用 CPD 法，而在关于基本类以上水平价格汇总方法的使用上，ICP1985 继续采用 GK 法，但在 ICP1993 中，欧盟-OECD 区域则选择 GEKS 法。

1993 年是 ICP 发展的一个节点，自此之后，ICP 由世界银行全面掌控，并提倡在全球更大范围内实施。从 2005 年开始，各区域参与 ICP 的国家数量显著增加，不同区域之间的整体经济结构差异性越来越大，要得到可靠的比较结果越来越难。Kravis 等（1975）指出 GK 法存在格申科龙（Gerschenkron）效应（即替代偏差），会系统性地相对高估发展中国家的经济总量。前几轮 ICP 的参与国数量较少，GK 法的这种弊端暴露得还不太明显。但随着参与国数量越来越多，GK 法的这一弊端则越来越暴露无遗，已不适用于政策目的的制定需要。加之欧盟-OECD 区域常年实施 GEKS 法，已经积累了诸多成功经验。至此，GK 法开始逐渐被弱化。

在 ICP2005 中，欧盟-OECD 和 CIS（独联体国家，Commonwealth of Independent States）选择理论上更优的 Jevons-GEKS*（S）法作为基本类水平价格汇总方法，南美洲选择 CPRD 法，其他区域由于无法获取有关代表性的数据信息，仍选择 CPD 法；在基本类以上水平的价格汇总上，非洲选择具备可加性的 IDB 法，其他所有区域都选择 GEKS 法。在 ICP2011 中，欧盟-OECD 和 CIS 选择 Jevons-GEKS*法进行基本类水平的价格汇总，但随着 2013 年版本 ICP 手册提出用"重要性"概念替代"代表性"概念（World Bank，2013），其他区域选择 WCPD 法（按照重要性与否 3∶1 的权重）；而在基本类以上水平的价格汇总中，则统一用 GEKS 法。

本书将历年轮 ICP 所使用的多边价格指数方法汇总如表 1.1 所示。

表 1.1　历年轮 ICP 所使用的多边价格指数方法汇总

年份	基本类水平价格汇总方法	基本类以上水平价格汇总方法
1970 年	CPD 法	GK 法
1973 年	CPD 法	GK 法
1975 年	CPD 法	GK 法
1980 年	CPD 法	GK 法

续表

年份	基本类水平价格汇总方法	基本类以上水平价格汇总方法
1985 年	欧盟选择 Jevons-GEKS 法，其他区域选择 CPD 法	GK 法
1993 年	欧盟选择 Jevons-GEKS 法，其他区域选择 CPD 法	欧盟-OECD 选择 GEKS 法，其他区域选择 GK 法
2005 年	欧盟-OECD 和 CIS 选择 Jevons-GEKS*（S）法，南美洲选择 CPRD 法，其他区域选择 CPD 法	非洲选择 IDB 法，其他区域选择 GEKS 法
2011 年	欧盟-OECD 和 CIS 选择 Jevons-GEKS*法，其他区域选择 WCPD 法	GEKS 法

除了全球官方的 ICP 项目，从 ICP 又衍生出两个区域组织的 PPP 项目：欧洲比较项目（European Comparison Programme，ECP）和欧盟-OECD-PPP 项目，这两个项目都是独立于 ICP 的区域性 PPP 项目。这种独立性使得它们所在的区域可以结合本区域的经济结构特征、PPP 的使用目的，以及政策分析需要来灵活地选择合适的汇总方法。

具体地，欧盟在 1975 年尝试性地对本区域进行了比较，分别采用 Jevons-GKES 法和 Gerardi 法作为不同水平的价格汇总方法。ECP 和欧盟-OECD-PPP 项目从 1980 年正式实施开始，已分别开展了 1980、1985、1990、1993、1996 和 1980、1985、1990、1993、1996、1999、2002、2005、2008、2011、2014 不同基期的比较。在基本类水平价格汇总方法的使用上，ECP 和欧盟-OECD-PPP 项目一直采用 Jevons-GKES 法，只是后期欧盟-OECD-PPP 项目又同时使用 Jevons-GEKS 法的变形方法作为初始版本方法的校对方法。而在基本类以上水平的价格汇总上，在 1990 年的前两轮比较中，ECP 和欧盟-OECD-PPP 项目均采用 GK 法，但从 1990 年开始，二者均转向使用 GEKS 法。这两个区域 PPP 项目在方法使用上的唯一区别在于，1990～1993 年，欧盟-OECD-PPP 项目采用 GEKS 法下的比较结果作为官方结果予以发布，与此同时，针对 OECD 区域的比较，又采用 GK 法下的比较结果作为备选结果，另行发布。

（二）国内研究

购买力平价理论是在西方国家核算制度背景下提出的，并广泛应用于 ICP。国外相关理论、方法发展迅速，各国实践经验也非常丰富。相比之下，中国参加 ICP 活动进程缓慢，1993 年才首次尝试性地参加 ICP 调查活动。从 20 世纪 80 年代末到 90 年代初，由于受到数据获取能力的限制，早期国内研究主要侧重于将购买力平价理论引入中国（王鹤，1987；崔书香，1988，1990；晓钟，1990；岑成德，1991；张晓波，1991；任若恩等，1992；王成歧，1994；桑炳彦，1995）。

随着购买力平价理论的引入，中国逐步从 1993～2005 年小范围地参与 ICP

的调查活动，到 2011 年首次全面参与 ICP，国内学者也越来越关注对购买力平价汇总方法的研究。从对多边价格汇总方法研究的特点看，具体可归纳为四个方面的研究：对历年 ICP 和区域 PPP 项目所用方法的跟踪研究、对多边价格指数汇总方法的探讨与比较研究、方法的本土化与应用研究、方法的改进研究。

1. 对历年 ICP 和区域 PPP 项目所用方法的跟踪研究

从 ICP 和区域 PPP 项目（主要是指 ECP 和欧盟-OECD-PPP 项目）的实践历史来看，每次新一年轮的国际经济比较结果的质量和准确性都有所提高，这与方法的持续改进是密不可分的。保持对 ICP 及区域 PPP 项目的实时跟进，有助于我们更加深入理解 ICP 的实施目标、选用方法以及实践操作等内容。从 1993 年中国开始参加 ICP，国内对近两轮 ICP 所使用的汇总方法进行了及时跟踪了解（余芳东，2007，2008，2011a，2011b，2012a）。由于中国从 20 世纪 90 年代伊始也参与了有关区域 PPP 项目，国内学者也及时跟进了对有关区域 PPP 项目的方法应用情况（王玲，2002；余芳东，1996，2012b）。

2. 对多边价格指数汇总方法的探讨与比较研究

ICP 的最终目的是提供各国可比的 PPP 数据，以供各国和有关国际组织进行决策、政策的制定，不仅包括经济政策的制定，还包括政治政策。因此，深入研究各汇总方法的基本原理、比较方法的优缺点，这对我们继续参与 ICP、如何参与和实施 ICP、判断 ICP 的数据质量非常重要。在过去的 20 多年，国内一些学者一直专注于 ICP 汇总方法的深入研究与探讨。

李文溥（1989）和王成歧（1993）较早研究 ICP 汇总方法，对 GK 法的基本原理、优良性质及其缺点进行了深入研究与点评。柏满迎等（1999）则深入研究了 PPP 汇总方法的公理化体系。随着诸多方法的不断发展、ICP 使用方法的不断变化，2005 年 ICP 的实施是一个重要的节点，国内更多有关汇总方法的研究成果不断涌现。这类研究更加注重对方法的比较研究以及跟踪方法发展的新进展，而不是只针对于某一种方法的研究（余芳东，2004；张迎春，2007，2008；黄雪成，2011；王磊，2012；王岩，2015a，2015b）。

从整个方法体系的角度看，虽然这些研究加深了我们对多边价格比较方法体系的认识，但上述研究主要关注 ICP 所使用过的方法和 ICP 官方手册中介绍过的方法，这些方法主要包括 GK 法、IDB 法、GEKS 法、CPD 法及 MST 法等，国内对 ICP 未使用的方法的研究甚少。

3. 方法的本土化与应用研究

随着国内对 ICP 汇总方法的了解加深，方法的本土化及其应用也是一项重要的研究专题。国内已经在这方面进行了诸多的尝试，主要可分为三种类型的研究。一是方法的本土化——地区差价指数的编制方法，如余芳东（1997）介绍了如何采用 Fisher 指数和平均权数综合价格指数编制双边地区差价指数，以及如何采用星形法、GK 法和 GEKS 法编制多边地区差价指数，并对各种不同的编制方法进行综合评价；易纲和张燕姣（2006）提出采用 MST 法和加权价格汇总指数编制中国地区间价格指数。二是方法在省级和国家间价格水平比较上的应用，如王磊和周晶（2012）采用空间 CPD 法估计了中国省级层面的相对价格水平；郑建华（2012）采用 GK 法和 GEKS 法测算了中国地区间的购买力平价；余芳东（2005）、余芳东和任若恩（2005）采用 GEKS 法测算了中国与 OECD 国家的购买力平价；王岩（2015b）分别从支出和生产的角度，采用 GK 法和 Tornqvist 指数计算了 2000～2011 年中国经济的实际规模。三是将方法应用于制造业相对价格水平、竞争力、生产率的国际比较，如任若恩（1998）、柏满迎和任若恩（2000）、郑海涛和任若恩（2005a，2005b）以及郑海涛等（2012）的相关研究。

4. 方法的改进研究

国内关于多边价格汇总方法改进的研究凤毛麟角，通过笔者对已有文献的梳理，仅有王磊和周晶（2012）在已有空间 CPD 法的基础上进一步提出了一般化的空间 CPD 法，并采用贝叶斯估计解决迭代最小二乘估计和极大似然估计无法解决的异方差问题。

（三）评述

在现代国际经济比较发展的半个多世纪中，多边比较方法一直在不断发展进步，已经形成一套比较成熟的方法体系，同时积累了丰富的实践经验。但是，各汇总方法各存优劣，在已有方法体系下，我们仍需根据购买力平价的具体用途来选择恰当的汇总方法，ICP 在方法的使用上一直游离不定，各区域在方法的使用上也未做到完全统一。可见，多边比较方法的发展还远未停滞，仍需继续向前。

从国内对多边比较方法研究的现状看，国内对方法本身的研究更多地停留在 ICP 常用的、官方手册所介绍的方法。从方法应用的角度看，国内的应用研究也只限于少数几种为人所熟知的汇总方法。国内在多边价格指数汇总方法的使用上缺乏多样性，更缺乏对不同方法所计算的结果的差异的比较。由于 ICP 在中国的起步比较晚，国内对 ICP 重视不够、相关部门支持力度不足等，因此国内对方法的研究更多处于一种学习的姿态，对整个多边比较方法发展的贡献十分不足。

第三节　本书内容安排

本书系统性地梳理了当前多边价格汇总方法存在的不足，将根据购买力平价测算的基本逻辑，尝试对不同层面的价格汇总方法进行改进。本书的结构安排与主要研究内容共分八章，具体的内容逻辑安排遵循一般性的研究思路，即提出问题-分析问题-解决问题-得出结论。

（1）提出问题：第一章。本部分主要给出本书的选题依据，并对空间价格指数汇总方法的发展脉络与应用情况进行系统性的梳理。

（2）分析问题：第二章和第三章。本部分将探讨整个 ICP 国际比较的方法论基础，包括国际比较的基本方法、购买力平价测算的方法论逻辑与多边指数理论。还将从理论层面和应用层面深入分析当前多边价格指数汇总方法存在的问题，并明确本书拟解决的几个关键性问题。

（3）解决问题：第四章至第七章。本部分是本书的研究核心，围绕对不同层级的多边价格指数汇总方法的改进开展研究，力求在理论层面和技术层面有所突破。

一是从理论层面深入剖析基本类水平价格汇总方法——CPD 法中的价格异方差问题，从技术层面引入计量经济学方法对 CPD 法的估计方法做出改进，并采用 2011 年 ICP 数据考察改进后的估计方法的有效性情况。

二是从理论层面深入比较一类满足可加性的基本类以上水平价格汇总方法的方法论机理及优缺点，并从替代偏差的角度对这类方法进行优劣比较，试图为这类方法的实践应用提供新的认识依据。

三是针对已有 ICP 方法无法兼顾可加性与特征性的不足，在 GK 法的可加性框架内，基于一个非线性最优化过程逼近 Fisher 指数的思想，创新性地提出一种既满足可加性、又最大化特征性的基本类以上水平价格汇总方法——MBC 法，试图在理论层面实现只采用一种汇总方法，既可满足支出物量比较，又可满足实际支出结构分析的需求。基于第五章的重要结论：提高特征性与降低替代偏差存在内在的一致性。本部分将进一步通过实际数据测算与比较 MBC 法与八种可加性方法的替代偏差大小，以证明 MBC 法的合理性与先进性。

四是进一步在 MBC 法中考虑不同双边比较结果的可靠性差异，基于加权思想，本书又提出 MBC 法的加权版本——WMBC 法。基于 LP 距离、价格结构（非）相似性指数和数量结构（非）相似性指数等可以反映双边比较可靠性的指标，本书共引入七种权重函数供应用者参考。并采用实际数据计算和比较在不同权重下的购买力平价，以验证考虑不同双边比较可靠性的必要性与可行性。

（4）得出结论：第八章。第八章是全书研究结论与展望。

本书研究内容间的逻辑关系与研究脉络可见图 1.1。

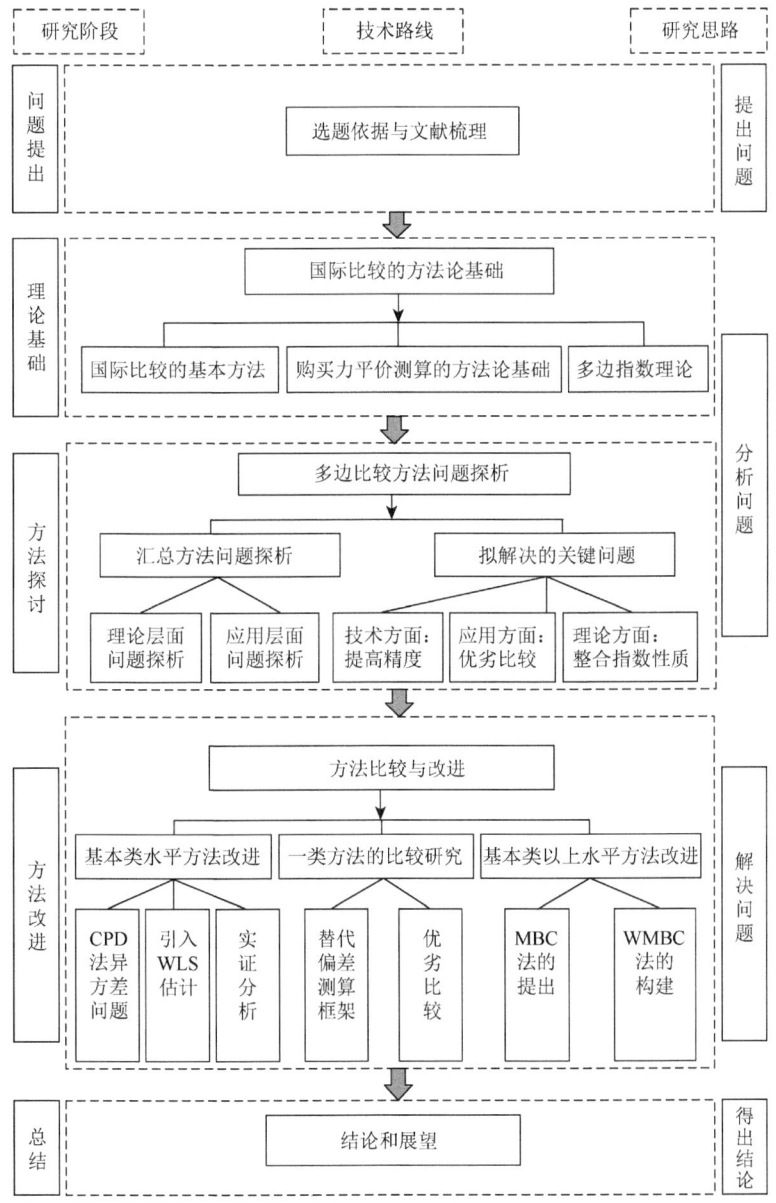

图 1.1 本书研究结构与技术路线

第二章 国际比较的方法论基础

多边价格指数汇总方法的衍生得益于国际比较需要测算购买力平价核心指标这一实际需求,其不断发展也得益于国际比较的理论发展和实践需要。与此同时,价格指数汇总方法的不断演进也促进了国际比较的发展进步。因此,多边价格指数汇总方法的发展与国际比较的发展是相辅相成的。系统深入地把握国际比较的方法论基础,对本书的方法改进研究具有重要的理论指导与实践指导意义。

本章着重从文献回顾的角度来审视国际比较的方法论基础与指数理论。结构安排如下:第一节阐述国际比较的基本方法,从核算方法论基础、支出核算下的国际比较和生产核算下的国际比较分别予以论述。国际比较的核心是构造一种国家间价格指数,以调整各国经济总量所内生的价格水平差异,从而进行物量水平的比较。在国际比较中,价格和物量比较的本质是使用 SNA 中的价格和物量核算方法,通过价值量与价格和物量的关系式来间接进行物量水平的比较。此外,在国民经济核算框架下,国际比较也产生了两种比较方法,即支出核算下的国际比较和生产核算下的国际比较,本节还将系统介绍两种国际比较方法的衍生与演进。但鉴于当前以 ICP 为首的官方国际比较是基于支出核算的角度,本节也将重点探讨支出核算下的国际比较的演进。第二节介绍购买力平价测算的方法论基础,根据购买力平价测算的基本逻辑,重点梳理几种 ICP 常用的基本类水平价格汇总方法和基本类以上水平价格汇总方法。购买力平价本质上是一种空间价格指数,第三节将介绍指数的公理化体系和多边价格指数汇总方法的检验理论,这是评估汇总方法优劣的重要理论依据。

第一节 国际比较的基本方法

国际比较方法是在国民经济核算框架下建立起来的。经过不断的发展,国际比较已经形成了以 ICP 为核心的支出法国际比较的基本范式,以及以 ICOP 为核心的生产法国际比较的基本范式。不论是支出核算下的国际比较,还是生产核算下的国际比较,都严格遵循 SNA 关于 GDP 核算及其主要总量核算的一致性框架:使用标准的、国际通行的概念、定义和分类来汇总经济活动的成果。国际比较中的购买力平价测算和物量测算也是基于 SNA 的价格和物量核算方法。

一、国际比较的核算方法论基础：SNA 的价格和物量核算方法

在现代 SNA 诞生以前，国际比较的范围局限于 MPS 下的实物产出部门。当时，实物部门采用直接法进行比较——即基于实际物量指标的比较方法（Rostas，1948；Maddison，1952；Heath，1957）。第二次世界大战后，全球经济飞速发展，产品种类也越来越呈现出多样性与异质性，各国产品不论在种类上还是在质量上，都出现了较大差异，能直接进行比较的产品急剧减少，直接物量比较已然无法满足国际比较的现实需求。1953 年，以现代 SNA 的诞生为标志，SNA 对生产活动进行了更大范围的界定，提出了全面生产观的概念。SNA 中的生产活动不仅包括实物部门下的货物生产，还包括服务等非物质形态的经济产出的生产。在全面生产观概念下，直接物量比较方法自然不适用于非物质形态的服务部门。而 SNA 提供的价格和物量核算方法则可以很好地解决这种全面生产观下的国际比较难题。

现代意义上的国际比较要求采用同一货币单位对各国以本币计量的经济总量水平进行比较，但其核心是通过寻求一种货币转换因子来消除不同国家货币的购买力差异，或者消除各国经济总量所隐含的价格水平差异，即最终进行的是纯物量的比较。基于国民经济核算框架的国际比较，借鉴了其价格和物量核算方法，通过直接的价值量和价格数据来间接进行物量水平的比较。在国民经济核算框架中，价值量指标可分解成价格水平和物量水平的乘积：

$$V = P \times Q \tag{2.1}$$

式中，V 为价值量；P 为价格水平；Q 为物量水平。下面给出基于 SNA 价格和物量核算方法进行国际比较的方法论基础。

假设比较的国家是 A 国与 B 国，同时选择 B 国为基准国。A 国以本币表示的 GDP 记为 GDP_A，B 国以本币表示的 GDP 记为 GDP_B。根据式（2.1），可将两国的 GDP 分别分解成价格部分和物量部分，则 A 国和 B 国的 GDP 之比可以表示为

$$\frac{\text{GDP}_A}{\text{GDP}_B} = \frac{P_A Q_A}{P_B Q_B} \tag{2.2}$$

实际情况下，一般 A 国和 B 国 GDP 的度量是基于不同的货币单位，加之 A 国和 B 国的价格水平也不同，上述两个因素均导致 GDP_A 和 GDP_B 是不能直接比较的。对此，SNA 提出应该对两国的价格水平进行调整，给出了物量比较的思路。通过对式（2.2）进行变形，可以得到：

$$\frac{Q_A}{Q_B} = \frac{\text{GDP}_A}{P_A} \bigg/ \frac{\text{GDP}_B}{P_B} \tag{2.3}$$

$Q_\mathrm{A}/Q_\mathrm{B}$ 就是 A、B 两国最终的相对物量水平。进一步对式（2.3）进行适当变换，可得到如下形式：

$$\frac{Q_\mathrm{A}}{Q_\mathrm{B}} = \frac{\mathrm{GDP}_\mathrm{A}}{\mathrm{GDP}_\mathrm{B}} \bigg/ \frac{P_\mathrm{A}}{P_\mathrm{B}} \qquad (2.4)$$

通过式（2.4）可知，两国的相对物量水平等于两国本币表示的 GDP 之比再除以两国的相对价格水平（用 $P_\mathrm{A}/P_\mathrm{B}$ 表示），这就是采用间接法进行物量比较的基本思路。由此可见，要比较两国的相对物量水平，其难点在于获取国家间的相对价格水平。

Cassel 提出的购买力平价理论为计算国家间的相对价格水平提供了解决方案。购买力平价方法使用同一篮子商品在不同国家所需花费的本国货币的比值作为衡量两国之间的相对价格水平。这种试图将支出结构进行固定，从而对价格因素进行剥离的思想实则就是后来国际比较中国家间相对价格水平计算灵感的来源。在购买力平价方法中，将 $P_\mathrm{A}/P_\mathrm{B}$ 记为 PPP_BA，即 A 国相对于基准国 B 国的购买力平价。进一步对式（2.4）进行变换，式（2.4）可以写成：

$$\frac{Q_\mathrm{A}}{Q_\mathrm{B}} = \frac{\mathrm{GDP}_\mathrm{A}}{\mathrm{GDP}_\mathrm{B}} \bigg/ \mathrm{PPP}_\mathrm{BA} \qquad (2.5)$$

因此，在国际比较中，实际需要计算的是相比基国的购买力平价 PPP_BA，进而通过式（2.5）间接地进行相对物量水平的测算。进一步，由于基国的 PPP 等于 1，通过式（2.5）可知，如果剔除了两国之间的价格差异影响，A 国的绝对物量水平 Q_A 则等于 $\mathrm{GDP}_\mathrm{A}/\mathrm{PPP}_\mathrm{BA}$，而基准国绝对物量水平则等于该国的 GDP，由此还可以基于购买力平价进行绝对物量水平的比较。

综上所述，国际比较的核心指标是构建购买力平价，以此衡量两国的相对价格水平。如果能够计算得到各国的购买力平价，则可以基于该指标间接地比较国家间的相对物量水平和绝对物量水平。因此，国际比较中的价格和物量比较的核算方法论基础是 SNA 的价格和物量核算方法。

二、支出核算下的国际比较

支出核算下的国际比较是从支出的角度来对 GDP 及其主要支出构成进行的国际比较。支出法国际比较是以 SNA 从支出角度核算 GDP 的框架而构建的，使用支出法购买力平价对各国的经济总量及其支出构成进行价格调整，最终进行物量的比较。以 ICP 为首的官方国际比较正是从支出角度开展的。

（一）支出法国际比较的核算基础

1. 基本核算式

支出法国际比较的主要目标是提供国际可比的经济活动数据。联合国、欧盟和 OECD 等国际组织一直致力于创建一个测度经济活动成果的核算框架。在宏观经济测度领域，当前最成功的实践是 SNA。SNA 为各国经济活动统计提供了标准统一的概念、定义和分类原则，各国可以基于统一的核算原则进行经济测度。SNA 的诞生为国际比较提供了核算基础，支出法国际比较的基本框架就是基于 SNA 构建的。

根据 SNA 支出法 GDP 的核算原则，GDP 等于以下四项支出之和：①家庭最终消费支出；②政府支出；③资本形成总额；④净出口。从支出角度看，不同支出可以进一步细化，最终可细化到各个商品层次，而搜集实际交易中各商品的购买者价格数据是可行的，支出法国际比较就是基于这些数据进行购买力平价测算的。

2. 分类原则

支出法国际比较需要对单个商品采价和搜集有关支出数据，通过计算各支出层面的购买力平价，从而进行各支出的物量水平比较。这就需要对 GDP 及其主要支出构成，根据一定的原则不断地进行分解。支出法国际比较的分类结构严格遵循 SNA 的分类原则，将 GDP 进行结构分解。具体方式是，先将 GDP 分成几个主要的组成部分，然后进一步细分成大类，再将大类细分成中类，将中类细分成小类，最终将小类细分成基本类，从 GDP 的分类结构看，基本类是最低水平的支出项。如"食品和酒类饮料"是一个大类，该大类又可以分成食品和酒类饮料两个中类，食品又可以分为面包和谷物、肉、鱼等 9 个小类，而大米又属于面包和谷物小类中的一个基本类。ICP2005 将 GDP 的分类结构划分为 7 个主要组成部分、26 个大类、61 个中类、126 个小类和 155 个基本类。

3. 数据要求

进行支出法购买力平价的测算需要搜集两方面的数据：一是待比较的规格品（单个商品）价格数据，作为测算基本类购买力平价的数据基础；二是 GDP 中不同分解部分（即主要组成部分、大类、中类、小类和基本类）的支出数据，其中基本类支出数据将作为计算基本类以上水平购买力平价的权数，最后用基本类以上水平购买力平价数据将各支出数据转换成物量值。在支出法购买力平价的测算中,支出数据直接取自各国的核算数据,而关于规格品的采价将严格参照 SNA 的价格理论,搜集各规格品的购买者价格。

(二)测算的基本方法

通过采集具备可比性和代表性的规格品价格数据与基本类支出数据,则可以计算基本类水平购买力平价和基本类以上水平购买力平价。要计算总量层次的购买力平价,需要分三步进行:单个商品购买力平价的测算、基本类水平购买力平价的测算和基本类以上水平购买力平价的测算。

(1)单个商品购买力平价的测算。假设以 B 国为基准国,i 表示基本类,共 I 个基本类;j 表示相应基本类下的商品,再假定所有基本类下的商品数都是 J 个;p_{ij} 表示第 i 个基本类下第 j 个商品的价格,Q_i 表示第 i 个基本类的支出额。则 A 国第 i 个基本类下第 j 个商品的购买力平价为

$$\text{PPP}_{ij}^{A} = \frac{p_{ij}^{A}}{p_{ij}^{B}} \tag{2.6}$$

类似地,可以选择以 A 国为基准国,计算 B 国相应商品的购买力平价。

(2)基本类水平购买力平价的测算。以 B 国为基准国,A 国第 i 个基本类购买力平价等于 J 个商品购买力平价的几何平均,这实则是一个 Jevons 指数。

$$\text{PPP}_{i}^{A} = \prod_{j=1}^{J} [\text{PPP}_{ij}^{A}]^{\frac{1}{J}} \tag{2.7}$$

类似地,同样可以选择以 A 国为基准国,计算 B 国相应基本类水平购买力平价。

(3)基本类以上水平购买力平价的测算。在获得基本类水平购买力平价时,可以用基本类支出数据为权重,分别使用 Laspeyres 指数、Paasche 指数和 Fisher 指数计算基本类以上水平购买力平价。

基于 Laspeyres 指数的购买力平价采用 B 国的支出数据为权重:

$$\text{PPP}_{L}^{A} = \frac{\sum_{i=1}^{I} \text{PPP}_{i}^{A} Q_{i}^{B}}{\sum_{i=1}^{I} \text{PPP}_{i}^{B} Q_{i}^{B}} \tag{2.8}$$

基于 Paasche 指数的购买力平价采用 A 国的支出数据为权重:

$$\text{PPP}_{P}^{A} = \frac{\sum_{i=1}^{I} \text{PPP}_{i}^{A} Q_{i}^{A}}{\sum_{i=1}^{I} \text{PPP}_{i}^{B} Q_{i}^{A}} \tag{2.9}$$

如果采用 Laspeyres 指数和 Paasche 指数的几何平均，则得到 Fisher 指数下的比较结果：

$$\text{PPP}_F^A = \sqrt{\text{PPP}_L \times \text{PPP}_P} \qquad (2.10)$$

（三）支出法国际比较的演进

通过总结支出法国际比较的发展脉络，官方的国际比较主要有 ICP、ECP 以及欧盟-OECD 购买力平价项目，其中 ICP 是全球最大型的官方统计活动，ECP 和欧盟-OECD 购买力平价项目均是 ICP 的分支项目。下面针对上述三个支出法 ICP 的发展进行梳理，重点介绍 ICP。

1. ICP 的衍生与演进

国际价格和 GDP 物量比较的起源可以追溯到 20 世纪 50 年代 OEEC 时期的实验性比较。在此期间，OEEC 采用支出法和生产法分别进行了尝试。支出法国际比较的首次尝试是由 Gilbert 和 Kravis（1954）完成的，他们采用主要的价格数据，从支出的角度对法国、德国、意大利、英国和美国进行了比较。随后，Gilbert（1958）又对八个西欧国家和美国进行了比较。生产法国际比较的首次尝试是由 Paige 和 Bombach（1959）完成的，他们主要采用单位价值数据，从生产的角度对英国和美国的产出与生产率进行了比较。OEEC 的早期研究成果极大地激发了其他国际组织的研究热情，20 世纪 60 年代，一些国际组织相继开始试验性地进行国际比较的尝试。例如，拉丁美洲经济委员会基于购买力平价对 19 个拉丁美洲经济体的实际产出进行了比较；经济互助理事会对几个中东欧中央计划经济体进行了基于购买力平价的国民收入比较。

通过在 20 世纪五六十年代的试验性比较，国际比较在实践上取得了两点经验教训：①各国际组织在比较的国家数量、比较的时间点以及方法使用上均存在差异，没有形成一个统一的国际比较框架，以供全球范围的、持续性的比较；②相比支出法只需要搜集最终产品的价格数据，生产法在采价上的难度更高、范围更广，尤其是当比较的国家增多时，采价的难度更大，所以，通常参与生产法国际比较的国家相对较少。

鉴于上述原因，在 1968 年 UNSC 召开的第 15 次大会中，特成立了 ICP，以寻求一个从支出角度进行国际比较的统一框架。至此，第一个官方支出法 ICP 正式诞生。时至今日，共实施了 8 轮 ICP 基期调查活动，在此期间，ICP 在 UNSC 经历了角色的转变。本书也将 ICP 的演进分成了两个阶段：研究项目阶段和常规性操作项目阶段。

1）第一个阶段：研究项目阶段（1970～1975年）

ICP最初是作为UNSC的一个研究项目而成立的，其最终目标是实现全球范围的、基于购买力平价的GDP比较。在这一阶段，ICP并不是由UNSC组织实施的，UNSC特委托宾夕法尼亚大学全面负责ICP的框架设计，具体由Kravis、Heston和Summers主持领导ICP的研究工作和实施计划。

在ICP的研究阶段，宾夕法尼亚大学的专家组需要完成两项重要任务。第一项重要任务是在总结OEEC等国际组织国际比较研究经验的基础上，设计出基于购买力平价法进行国际比较的方法框架。第二项重要任务是通过使用购买力平价进行实际比较来检验ICP整个方法框架。因此，前三轮ICP（1970年、1973年和1975年）本质上是试验性质的。前三轮国际比较涉及的国家较少，这些国家分别代表不同的收入水平、社会体制和地理区域。ICP1970仅包括10个国家，ICP1973在ICP1970的基础上又增加了6个国家，ICP1975又增加到34个国家。前三轮ICP同时采用了双边比较方法和多边比较方法，以美国为基准国家，美元作为基准货币。

2）第二个阶段：常规性操作项目阶段（1975年至今）

经过前三轮ICP的实施，ICP已经形成了一个统一的支出法国际比较的基本框架，也积累了较为丰富的实践经验。从ICP1975之后到下一轮ICP的实施，ICP已经取得了重大发展，主要包括三个方面：①ICP的角色已经从一个研究项目转变成UNSC的一个常规性操作项目，已经由UNSC全面负责，宾夕法尼亚大学只承担有关方法问题的设计；②欧盟开始在ICP中发挥越来越重要的作用，如组织欧盟区域的比较、对非洲区域的比较提供技术和财政支持并鼓励OECD参与到该区域的比较中；③ICP最重要的发展变化是区域化的实施。

在ICP的常规性操作项目阶段，ICP的发展又经历了几次重大事件，本书根据这些重要历史事件发生的时间节点又将此阶段的发展分成三个时期：UNSC全面负责时期、ICP停滞时期和世界银行全面负责时期。

（1）第二阶段之子时期一：UNSC全面负责时期（1975～1993年）。这一时期开始的一个标志性事件是ICP区域化的全面实施。从ICP1980开始，由于参与ICP的国家已经多达60个，涉及全球各个区域，宾夕法尼亚大学在ICP的管理上已力不从心，已然无法形成一个高度集中的管理机制。欧盟和OECD均开始设立本区域的购买力平价项目，UNSC开始意识到区域化的操作优势。因此，从1980年开始，ICP开始正式实施区域化，欧洲经济委员会、拉丁美洲经济委员会、亚太经济与社会委员会、西亚经济与社会委员会负责本区域ICP的组织实施，最终由UNSC统筹管理，将各区域的比较结果进行链接，以得到全球性的比较结果。在UNSC全面负责时期，共实施了三轮ICP，分别是第四轮ICP1980、第五轮ICP1985和第六轮ICP1993。但由于缺乏足够的资金支持和组织协调，ICP1993并未实现全球性的比较结果。

在 UNSC 全面负责时期，ICP 在方法上的突破性发展包括：一是比较的方式从双边比较完全过渡到多边比较；二是 UNSC 采用桥梁国法将区域比较的结果进行全球链接。

（2）第二阶段之子时期二：ICP 停滞时期（1993～2002 年）。由于 ICP 在资金支持和组织协调上出现了重大问题，自第六轮 ICP 之后，ICP 进入了近十年的停滞时期。在 ICP 停滞时期，促使 ICP 继续实施的标志性事件是 Ryten 报告。1997 年，UNSC 第 29 次大会决定，为找到 ICP 新的出路，应该彻底总结过去六轮的经验教训。大会雇佣 Ryten 为顾问，专门起草一份报告，要求说明 ICP 是否仍有实施的必要性。如果有这种必要性，那么当前 ICP 面临的主要困难是什么？未来我们需要作出什么改进？

在 1999 年召开的 UNSC 第 30 次大会上，Ryten 提交了这份报告，报告的主要观点包括：①购买力平价及其相关的统计活动是十分有必要的，但是 ICP 并没有及时地为潜在的用户提供足够多国家的购买力平价数据；②导致当前 ICP 停滞的主要困难是，在 UNSC、各区域组织和国家层面上都存在管理不善和财力不足；③当前的问题还包括与 ICP 相关的文件不足、严格的数据要求并未顾及各国的实际情况、区域间在执行 ICP 活动时不统一、各国并未参与到 ICP 的编辑和测算阶段等。Ryten 报告最终建议 UNSC 在敲定新一轮 ICP 实施之前，务必先解决 ICP 的管理不善问题和财力问题。

随后，UNSC 委托世界银行针对 Ryten 报告的内容，提出一个解决方案。世界银行随即与相关机构起草了一份新一轮 ICP 的执行方案。该方案涉及的内容包括：从各方渠道进行集资、创建有效的管理和协调组织机构、提供有关技术指南和操作规范的详细书面文件、允许各国将本国常规性的统计项目参与到 ICP 中，以加强本国统计能力建设。在 2000 年 UNSC 第 41 次大会和 2001 年 UNSC 第 42 次大会上充分考虑了世界银行提交的执行方案，但在重新启动 ICP 之前，UNSC 最在乎的资金问题依然得不到保障。然而，世界银行成功地开展了一项资金扶持运动，很好地解决了 UNSC 的资金问题。在 2002 年召开的 UNSC 第 43 次大会上，最终同意在 2003 年重启 ICP，新一轮 ICP 的比较年份确定在 2005 年。

（3）第二阶段之子时期三：世界银行全面负责时期（2002 年至今）。在 2002 年 UNSC 第 43 次大会上，世界银行受托负责第七轮 ICP 的实施，自此，ICP 正式进入世界银行全面负责时期。在实施 ICP2005 期间，世界银行采取了诸多富有成效的行动以确保 ICP 的顺利实施。如成立 ICP 全球办公室，主要职责是做好各区域的协调工作、确保技术指南和操作规范在各区域的统一执行、负责区域比较结果的全球链接。此外，世界银行还做了大量的工作来加强 ICP 的组织管理，包括成立 ICP 技术咨询组（technical advisory group，TAG）、成立各区域协调机构等。

在最近两轮的全球比较活动中，ICP 取得了前所未有的成功，已经基本实现了初衷：实现全球范围的、基于购买力平价的 GDP 比较。在此期间，方法上的主要变化和发展包括：①从 ICP2005 开始，ICP 不再采用 GK 法，而采用 GEKS 法作为最终总量比较的方法；②在将区域比较结果链接到全球时，ICP2005 提出用环国法进行区域链接，考虑到环国法受限于环形国选择的影响，ICP2011 又提出使用核心产品清单法进行区域链接。

2. ECP

ICP 区域化的实施诞生了两个区域比较项目，其中之一就是 ECP。1979 年，在日内瓦召开的欧洲统计学家第 27 届全体会议上，发起成立 ECP。由 ECE (Economic Commission of Europe) 负责 ECP 及其比较结果的发布，但 ECP 实际比较的组织工作是由其他机构负责的，这主要在于 ECP 是由多个独立的比较合并而成的，这些独立的比较均涉及不同组群的国家。其中，在 ICP 诞生的另一个区域比较项目——欧盟-OECD-PPP 项目就是 ECP 的核心，此外，ECP 还包括一些非欧盟-OECD 成员国。

表 2.1 总结了 ECP 在 1980~1996 年总共五轮比较中的参与国分配情况。在 1996 年以前，ECP 只包含两个组别国家。组 1 实则就是欧盟-OECD-PPP 项目，组 2 包括由奥地利统计局组织的中东欧比较的国家。这两个组比较的主要区别在于，组 1 采用多边比较方法，而组 2 采用与奥地利直接比较的双边比较方法；另外，组 2 对货物和服务进行比较时进行了质量和生产率调整，而组 1 没有作此调整。由于奥地利同时存在于这两个组中，最终通过奥地利将组 1 和组 2 的比较结果进行链接。

表 2.1 ECP 不同年轮的参与国分配情况

ECP	1980	1985	1990	1993	1996
组 1	18	22	24	24	30
组 2	3	3	6	15	13
组 3	—	—	—	—	9
合计	21	25	30	39	52

资料来源：OECD 官方手册 Eurostat-OECD Methodological Manual on Purchasing Power Parities，OECD，2012

1996 年是 ECP 发展的一个历史拐点，主要包括三个方面的重大变化：①ECP 又加入了第三个国家组，组 3 包括 CIS，但乌克兰除外，同时还包括蒙古和土耳其两国，组 3 采用多边比较方法，最终也是通过奥地利与组 1 和组 2 的比较结果进行链接。②组 2 从使用双边比较方法到采用多边比较方法，但没有进行质量调整和生产率调整。③1996年之后,ECP 正式取消,组 2 的大部分国家加入欧盟-OECD-PPP 项目,组 2 的白俄罗斯和克罗地亚以及组 3 则在 2000 年之后成为一个独立的比较项目——CIS 比较项目。

3. 欧盟-OECD-PPP 项目

早在 1975 年,欧盟就进行了第一次官方比较活动,包括对欧盟 9 个成员国的比较。随后,一直到 1990 年,欧盟每 5 年进行一次本区域的比较活动,分别是 1980 年、1985 年和 1990 年。从 1990 年之后,欧盟采用滚动基期法(rolling benchmark approach)或滚动调查法(rolling survey approach),开始进行年度的比较。与此同时,受到欧盟统计局的鼓励与协助,OECD 也于 1980 年开始组织本区域的比较。从 1985 年开始,欧盟统计局和 OECD 一致同意将欧盟的比较结果和 OECD 的比较结果进行整合,特成立欧盟-OECD-PPP 项目。在欧盟实施滚动基期法以前,欧盟-OECD-PPP 项目共实施了两次基期价格调查,分别是 1985 年和 1990 年。自欧盟在 1991 年采用滚动基期法,OECD 也随即采用该方法,但是 OECD 仅对消费品每年进行采价,而对机器设备和建筑物则是每三年进行一次采价。自 1993 年开始,OECD 每三年进行一次基期比较,最新一次比较是在 2014 年。

在欧盟-OECD-PPP 项目的发展历程中,共发生了三个标志性事件,这对欧盟-OECD-PPP 项目的发展影响深远。

(1) GEKS 法与 GK 法之争。早在 1980 年之前,ICP 选择 CPD 法进行基本类水平购买力平价的测算,用 GK 法汇总计算基本类以上水平购买力平价。但这些方法在学术界一直存在争论,并未被所有国际比较领域的专家认可。欧盟-OECD-PPP 项目一直采用 GEKS 法计算基本类水平购买力平价,欧盟在 1975 年采用 Gerardi 法进行总量层次价格汇总,在 1980 年的正式比较时,也考虑选择 GK 法。但最终欧盟统计局与 UNSC 和 ECE 开展了一次讨论会,委托 Hill 研究、比较 GK 法和 Gerardi 法的相对优势(Hill, 1982)。Hill 的研究结论最终支持使用 GK 法,随即欧盟-OECD-PPP 项目选择 GK 法作为 1980 年和 1985 年的总量汇总方法。

在 1985 年之后,欧盟和 OECD 在总量汇总方法的使用上又产生了较大的分歧,欧盟主张仍用 GEKS 法,依据是 GEKS 法不存在格申科龙效应,而 OECD 则主张保留 GK 法的使用。OECD 的主要观点是,GEKS 法不满足 GK 法的可加性,GEKS 法的比较结果无法用作实际经济结构分析。因此,在 1988 年和 1989 年,UNSC、OECD 和欧盟又举办了几次专家组会议,探讨汇总方法问题。专家组达成的一致认识是,国际比较的结果最终是服务于不同目的需求,但没有任何一种汇总方法能完全满足这些实际需求。因此,他们建议同时使用两种方法以供不同客户的需要。

由于欧盟成员国的比较结果主要用作管理目的，如成员国会费的分配，以及经济分析需要，欧盟从 1990 年开始，一直只选用 GEKS 法。而 OECD 则在 1990 年和 1993 年选择用 GEKS 法作为官方物量比较的方法，同时选择在 GEKS 法结果公示之后的第二年又公布 GK 法的比较结果，以供不同客户的需要。而在 1996 年，OECD 公示了完整的 GEKS 法结果和一部分 GK 法结果。从 1996 年之后，方法使用之争算是告一段落，欧盟-OECD-PPP 项目一致使用 GEKS 法。

（2）Castles 报告。1993 年的比较结果公示之后，欧盟-OECD-PPP 项目的有用性和可靠性受到了前所未有的质疑，这种质疑来自一些非欧盟的 OECD 国家。这些国家在参与该项目的过程中投入了巨大的财力与物力，但他们觉得这些投入并未更好地服务于其自身统计需求。于是在 1996 年，OECD 雇佣 Castles 作为顾问，全面回顾和总结欧盟-OECD-PPP 项目。顾问的职责应该重点关注不同客户用 PPP 和 PPP 有关的统计做什么、欧盟-OECD-PPP 项目在多大程度上满足这些客户需求，以及是否有可供选择的方法用于难以比较的产品和服务。

Castles 在 1997 年完成了一份研究报告，系统总结了欧盟-OECD-PPP 项目，在该项目历史上具有重要里程碑意义（Castles，1997）。Castles 报告的突出作用体现在：首先，最重要的贡献在于，确认了购买力平价的有用性，有助于有关各方更好地理解欧盟，OECD 和各参与国在欧盟-OECD 购买力平价项目中各自的职责和所扮演的角色；其次，识别出如非市场服务和资本品等购买力平价数据质量较差的领域；最后是三个必要性，有必要更好地检查不同基期在采价上的不一致性，有必要调查欧盟和 OECD 可以获取的备选数据源的使用情况，有必要调查和提高方法应用的透明度。

（3）颁布方法手册、创立 PPP 章程。在 2006 年以前，并没有单一的或者有针对性的书面文件，对欧盟-OECD-PPP 项目的实施、所采用的方法，进行统一系统的描述。为便于实践者对整个购买力平价项目的整体把握，OECD 于 2006 年和 2012 年分别颁布了两个购买力平价方法手册。2007 年，欧洲议会和理事会设立了 PPP 章程。该章程需要明确数据的搜集和验证条例、PPP 测算及发布条例，并从法律层面明确了欧盟统计局和欧盟成员国的职责，同时还要求欧盟负责起草和修订购买力平价方法手册。

4. 支出法国际比较发展年历表

为便于了解和把握整个支出法国际比较的发展历程，本书给出了支出法国际比较发展的年历表，见表 2.2。

表 2.2 支出法国际比较发展年历表

年份	ICP		
1950~1960	1954 年和 1958 年，OEEC 试验性地进行了欧洲 9 国和美国的比较		
1960~1970	1968 年，UNSC 成立 ICP		
1970~1975	ICP 作为研究项目阶段，最终目的是实现统一方法框架下的全球比较，并开展了前三轮的研究：第一轮 ICP1970：共 10 个国家；第二轮 ICP1973：共 16 个国家；第三轮 ICP1975：共 34 个国家；同时，欧洲统计局组织了欧盟第一次官方比较，共 9 个成员国		
1975~1980	ICP 成为 UNSC 一个常规性操作项目，进入 UNSC 全面负责时期，ICP 开始实施区域化。ECE 在 1979 年提出实施 ECP；1980 年，OECD 也组织本区域的比较，同时与欧盟的结果进行合并，成立欧盟-OECD-PPP 项目。ECP 包括两个组别国家：组 1 就是欧盟-OECD-PPP 项目，组 2 包括由奥地利统计局组织中东欧国家的比较。1996 年，又增加了一个组别，组 3 包含了来自 CIS 的国家		

年份	ECP		ICP
	组 1	组 2 和组 3	
1980	ECP1980：18 个国家；GEKS 法应用于基本类水平，GK 法应用于基本类以上水平	ECP1980：5 个国家；与奥地利的直接双边比较；质量调整和生产率调整	第四轮 ICP1980：60 个国家；CPD 法应用于基本类水平，GK 法应用于基本类以上水平；正式区域化，采用桥梁国法进行全球链接
1985	ECP1985：22 个国家	ECP1985：4 个国家	第五轮 ICP1985：64 个国家
1990	ECP1990：24 个国家；GEKS 法作为官方物量比较方法，GK 法作为 OECD 的备选方法；首次涵盖所有 OECD 国家	ECP1990：7 个国家	
1991	欧盟采纳滚动基期法进行年度比较；OECD 对消费品也采用该方法，但在 GDP 层面则是每三年为一个比较基期		
1993	ECP1993：24 个国家	ECP1993：16 个国家	第六轮 ICP1993：83 个国家；未取得全球性比较结果，ICP 开始进入停滞期
1996~1998	ECP1996：32 个国家，其中包含之前组 2 的几个国家；Castles 报告 1997；ECP 停止	ECP1996 组 2：14 个国家，未进行质量调整和生产率调整的多边比较；GEKS 法作为所有水平的汇总方法；ECP1996 组 3：9 个国家，采用 GEKS 法；组 2 解体	Ryten 报告 1998：总结上轮 ICP 失败的原因——管理不善与资金不足
	欧盟-OECD-PPP 项目	CIS 比较项目	ICP
1999~2000	欧盟-OECD1999：43 个国家	CIS2000：12 个国家	
2002~2003	欧盟-OECD2002：46 个国家		重新启动 ICP，ICP 进入世界银行全面负责时期，世界银行创立全球办公室及各区域协调机构、TAG

续表

年份	欧盟-OECD-PPP 项目	CIS 比较项目	ICP
2005	欧盟-OECD2005：46 个国家	CIS2005：10 个国家	第七轮 ICP2005：147 个国家；GEKS 法作为基本类以上水平汇总方法；采用环国法进行全球链接
2006~2008	购买力平价方法手册 2006；2007 年，通过欧盟 PPP 章程；欧盟-OECD2008：43 个国家	CIS2008：5 个国家	
2011	欧盟-OECD2011：47 个国家	CIS2011：9 个国家	第八轮 ICP2011：199 个国家；采用：核心产品清单法进行全球链接
2012~2014	购买力平价方法手册 2012；欧盟-OECD2014：47 个国家		

三、生产核算下的国际比较

以 ICP 为首的国际组织所主导的官方比较是进行 GDP 物量及其支出结构的国际比较、价格水平比较和贫困问题研究的权威方法，但在进行产业竞争力和生产率国际比较时，从支出角度所构建的 ICP 并不适合这类研究，生产核算下的国际比较则恰好填补了这一空缺。生产法国际比较的目的是，通过对国家间各产业产出价格水平的调整，从产业层面进行产出物量的比较，以及从生产的角度进行国家间物量的比较。与支出法国际比较主要由国际组织推动有所区别，生产法国际比较的发展一直依靠学者和有关研究机构的推动。

（一）生产法国际比较的核算基础

1. 基本核算式

根据 SNA 中的增加值核算理论，还可以从生产的角度计算各行业的增加值，即增加值等于总产出减中间消耗，各行业的增加值加总则可以得到一国的 GDP，一国总产出减中间消耗也可以得到生产法 GDP。生产法国际比较就是从行业的角度分别计算各行业的购买力平价，然后将行业购买力平价逐步汇总得到各产业购买力平价，最后将产业购买力平价汇总得到 GDP 层面的购买力平价。基于不同层级的购买力平价数据，就可以进行行业产业实际物量、竞争力和生产率的国际比较，同时也可以进行生产法 GDP 物量的比较。

2. 分类原则与数据要求

生产法国际比较建立在 GDP 按行业分类的基础之上，首先，需要根据国际行业分类标准匹配两国可以比较的行业，匹配各比较行业的产品，即需要明确各行业实际比较的规格品目录。其次，搜集各行业各规格品的总产值数据和数量数据，用于测算每一规格品的单位价值（在生产法国际比较中，用单位价值作为规格品的价格）。最后需要搜集各行业、各分支部门和产业的增加值数据作为测算每一汇总水平的权数。

（二）测算的基本方法

生产法购买力平价测算的基本逻辑是采用逐级汇总的方式。

（1）规格品单位价值的计算。根据每种规格品的总产值和数量计算各产品的单位价值：

$$p_{ij} = \frac{v_{ij}}{q_{ij}} \tag{2.11}$$

式中，p_{ij} 为行业 j 中第 i 种规格品的单位价值；v_{ij} 和 q_{ij} 分别为该规格品的总产值和数量。

（2）行业层次购买力平价的测算。假设比较的国家是 A 和 B，选择 B 国作为基准国。在计算第 j 个行业的购买力平价时，分别使用两国匹配的规格品的产量数据为权重，对两国规格品的单位价值比率进行加权，加权的方式可以采用 Laspeyres 指数、Paasche 指数和 Fisher 指数。

基于 Laspeyres 指数计算的 A 国第 j 个行业的购买力平价为

$$\text{PPP}_j^L = \frac{\sum_{i=1}^{I} p_{ij}^A q_{ij}^B}{\sum_{i=1}^{I} p_{ij}^B q_{ij}^B} \tag{2.12}$$

基于 Paasche 指数计算的 A 国第 j 个行业的购买力平价为

$$\text{PPP}_j^P = \frac{\sum_{i=1}^{I} p_{ij}^A q_{ij}^A}{\sum_{i=1}^{I} p_{ij}^B q_{ij}^A} \tag{2.13}$$

基于 Fisher 指数计算的 A 国第 j 个行业的购买力平价为

$$\text{PPP}_j^F = \sqrt{\text{PPP}_j^L \times \text{PPP}_j^P} \tag{2.14}$$

（3）分支部门购买力平价的测算。分别采用 A 国和 B 国分支部门中的各行业的增加值为权重,对式(2.12)和式(2.13)计算的行业购买力平价进行加权汇总,得到分支部门的购买力平价。

以 B 国第 k 个分支部门中的行业增加值 $\mathrm{GVA}_j^\mathrm{B}$(B 国货币表示的名义增加值)为权重,B 国第 k 个分支部门购买力平价等于:

$$\mathrm{PPP}_k^{\mathrm{B国权重}} = \frac{\sum_{j=1}^{J}\mathrm{GVA}_j^\mathrm{B} \times \mathrm{PPP}_j^\mathrm{L}}{\sum_{j=1}^{J}\mathrm{GVA}_j^\mathrm{B}} \qquad (2.15)$$

以 A 国第 k 个分支部门中的行业增加值 $\mathrm{GVA}_j^\mathrm{A}$(A 国货币表示的名义增加值)为权重,A 国第 k 个分支部门购买力平价等于:

$$\mathrm{PPP}_k^{\mathrm{A国权重}} = \frac{\sum_{j=1}^{J}\mathrm{GVA}_j^\mathrm{A}}{\sum_{j=1}^{J}\mathrm{GVA}_j^\mathrm{A} \big/ \mathrm{PPP}_j^\mathrm{P}} \qquad (2.16)$$

(4)产业和 GDP 层面购买力平价的测算。根据式(2.15)和式(2.16),利用每一产业部门下所涵盖的各分支部门的购买力平价数据,以两国各分支部门的增加值为权重,加权汇总计算各产业层面的购买力平价。类似地,又可以以各产业的购买力平价数据为基础,再结合两国各产业增加值可加权计算 GDP 层面的购买力平价。

需要强调的是,上述购买力平价的计算都属于增加值层面,生产法国际比较也可以测算各行业、各分支部门、各产业总产出及全国总产出层面的购买力平价,计算的方式基本同增加值购买力平价的测算。唯一不同的是,仅需要将行业产出值、分支部门产出值和产业产出值作为权重,以替换式(2.15)和式(2.16)的增加值权重。

通过生产法购买力平价的测算逻辑可知,任何层面购买力平价的测算实则是求得两国的单位价值比率,因此在生产法国际比较中,购买力平价又称为单位价值比率(unit value ratios,UVR)。

(三)生产法国际比较的演进

相比支出法国际比较,生产法国际比较的难度更大,在支出法国际比较仍需进一步研究时,联合国、世界银行等国际官方组织只能集全力于支出法国际比较,但其实自 20 世纪 40 年代末以来,一直有学者和研究机构致力于生产法国际比较的研究。

1. 生产法国际比较的早期研究

Rostas（1948）是尝试进行生产法国际比较的先行者。他将整个国民经济划分成 31 个行业，选取了 108 种规格品作为比较对象，使用实物量比较方法对比了英美两国分行业和全部行业的产出水平。随后，Maddison（1952）、Heath（1957）和 Maizels（1958）也采用实物量方法分别比较了加拿大和美国、英国和加拿大、加拿大和澳大利亚的产出水平。

第二次世界大战后，在 SNA 全面生产观的影响下，为解决某些行业无法使用实物量指标进行比较的难题，OEEC 在进行支出法国际比较的尝试时，也从生产方角度进行了研究。Paige 和 Bombach（1959）在 OEEC 的研究首次引入单位价值比率法，开创了生产法购买力平价研究的先例。1968 年开始，虽然 OEEC 支出法国际比较的研究归入 ICP，但仍有一些学者致力于生产法国际比较的研究，如 West（1971）、Frank 等（1977）。

2. ICOP 推动了生产法国际比较的发展

早期的研究呈现出两方面不足：①限于两国之间的比较，参与比较的国家少；②比较的行业主要限于单个行业。为实现多国多行业的比较，1983 年，在著名经济学家 Maddison 的倡导下，荷兰格罗宁根大学成立了 ICOP。ICOP 系统发展了生产方进行价格、总产出和生产率国际比较的方法论，并使该方法能应用于国民经济各行业、各部门和各产业，进行这种国际比较的基础是单位价值比率法。

ICOP 自建立以来，一直代表着生产法国际比较研究的前沿水平，涌现出大量的研究成果。目前，ICOP 以 1987 年为基准年，并采用外推法得了 1950～2000 年的连续比较结果。涵盖包括来自亚洲、欧洲、北美洲以及南美洲等地区的近 30 个国家，涉及的部门包括制造业及其 16 个分支机构，比较的结果涉及制造业和各分支部门的产出及生产率比较数据（Maddison and Van Ark，1988；Kouwenhoven，1993，1996；Van Ark and Kouwenhoven，1994；Monnikhof，1996；Yamfwa，2001）。除制造业外，一些学者也在少数国家间开展了农业（Rao，1993；Maddison and Rao，1996）、采矿业（Wieringa and Maddison，1985；Houben，1990）、交通运输业（Mulder，1994，1999）及服务业（Van Ark et al.，1999a；Inklaar et al.，2008a，2008b）的产出及生产率的国际比较。

3. KLEMS[①] 项目将生产法国际比较推向高潮

由哈佛大学的 Jorgenson 所倡导成立的世界 KLEMS 项目是当前生产法国际比

---

① KLEMS 是五个投入要素英文单词的缩写：Capital（K）、Labour（L）、Energy（E）、Material（M）和 Service（S）。

较研究领域的热点。KLEMS 项目旨在建立一个全新的经济增长与生产率核算框架，提供各国的产出和投入增长数据以及多边比较下的生产率数据，用以推动和促进经济增长和生产率模式的研究。世界 KLEMS 项目已经提供了欧盟、美国、加拿大、中国、日本以及俄罗斯的行业层次和国家层次的投入、产出以及生产率的数据。由荷兰格罗宁根大学格罗宁根增长与发展中心和欧盟委员会合作开发的 EU-KLEMS 是当前最完善的区域性 KLEMS 项目。EU-KLEMS 数据库提供了所有欧盟成员国 1970 年以来的分行业、国家层面的经济增长率、生产率、技术率以及资本服务等数据（O'Mahony and Timmer，2009）。此外，GGDC 生产率水平数据库采用与 EU-KLEMS 相同的核算方法，对 EU-KLEMS 进行了补充，提供了涵盖 30 个 OECD 国家共 26 个行业以及国家层面的产出、投入和生产率的多边比较结果，但该数据库仅提供了 1997 年和 2005 年的数据。

至此，KLEMS 项目将整个生产法国际比较的研究推向了前所未有的高度。虽然相比 ICP，KLEMS 项目的覆盖面仍比较窄，但最新的消息显示，亚洲以及拉丁美洲的 KLEMS 项目目前正处于积极筹备阶段。可以预见，KLEMS 项目在全球范围的快速推进将会在产出和生产率的国际比较研究领域中扮演越来越重要的角色。

四、评述

基于购买力平价理论所构建的国际比较方法历经了半个多世纪的发展，已经构建起较为成熟的理论体系和方法框架。总的来看，可以达成以下几点认识。

（1）以 SNA 为比较框架，基于 SNA 的价格和物量核算为方法论基础，使用购买力平价进行国际比较的基本范式已经建立。基于 SNA 关于 GDP 核算的方法，由于难以获得收入法核算下的国际比较价格数据，目前已经形成了两种基本的比较方法，即支出法国际比较和生产法国际比较。

（2）支出法国际比较是当前联合国、世界银行、欧盟与 OECD 等国际官方组织所采用的主流比较方法。ICP 作为支出法国际比较的先锋与引领者，从成立初期的少数几个国家的比较到区域化的实施，从作为 UNSC 的一个研究项目再转变成一个常规性操作项目，从双边比较过渡多边比较等，经过不断的完善，已然成为全球最庞大的官方统计活动，也是国际比较的重要基础数据来源。WDI、IMF 每年编撰的世界经济展望以及宾大世界表（Penn World Table，PWT）都十分依赖 ICP 提供的购买力平价数据（World Bank，2013；Feenstra et al.，2013）。此外，欧洲、欧盟与 OECD 也成立了本区域的官方比较项目，这些区域比较项目也积极推动着整个支出法国际比较的发展。

（3）在支出法国际比较兴起之时，生产法国际比较的研究也在如火如荼地进行,但研究群体主要是一些学者和研究机构。ICOP 作为第一个生产法 ICP,从最初仅在几个国家间进行双边制造业的比较,发展到多国多行业的多边比较,极大地推动了生产法国际比较的发展。此外,KLEMS 项目已经成为当前跨国产出和生产率比较研究最为前沿的阵地,其将生产法国际比较的发展推向了新的高潮。

第二节 购买力平价测算的方法论基础

不论一国内部省份(州)之间还是国家之间,价格水平和物量的比较共同的核心是购买力平价的测算。在多边比较中,生产法购买力平价测算所采用的汇总方法基本是借鉴支出法购买力平价测算所发展起来的方法,本节将在支出法购买力平价测算的一般逻辑框架下,系统介绍不同汇总水平下,购买力平价测算的基本方法。这些方法均是在国际比较的理论与实践发展中受到最多关注的方法,在多边指数方法体系中占有最为重要的地位。把握购买力平价测算的一般逻辑和基本方法的构造原理,对后面进行方法改进具有重要指导意义。

一、购买力平价测算的一般逻辑

不同支出水平购买力平价的测算与价格数据和支出数据有关,尤其是在进行单个商品价格汇总的过程中,还与具体到待比较的商品特征有关。在介绍购买力平价测算的一般逻辑和几种主要的汇总方法之前,有必要先介绍几个重要概念。

(一)相关概念与数据准备

要得到可比的购买力平价,首先需要明确比较的商品有哪些。也就是说,这其实对参与比较的产品特征是有要求的。另外,在购买力平价的测算中,基本类是一个重要的概念,基本类以下商品在国家之间是否相同,这直接导致汇总方法使用的不同。因此,在数据准备阶段,务必明确几个重要概念。

1. 基本类

根据 ICP 官方手册 2013 版对基本类(basic heading,BH)的定义:基本类是可以获得支出权重信息的最低汇总水平(World Bank,2013)。具体可以从两个不同的角度进行理解:①一种间接的理解是,在 ICP 中,由于无法获得待采价的产品数量数据，故基本类水平价格比较只能通过汇总单个规格品的价格以得到一个价格指数，这类似于 CPI 基础价格指数的计算。②从分类的角度看，SNA 从支出方将 GDP 进行不断的分类，基本类就是最细的分类水平（共 155 个），在该水平上可以获得支出权重数据，基本类就是由一类只能获得价格信息的同类商品或者类似商品组成的。

2. 代表性与重要性

与待比较的规格品相关的第一个概念是代表性。购买力平价的测算通过参与比较的规格品的价格进行汇总计算。因此，要得到可靠的结果，各国参与比较的规格品必须涵盖本国具备代表性的消费品。一种直观的理解是，代表性商品的价格应该要比非代表性商品的价格对购买力平价计算的影响更大。代表性概念由欧盟-OECD-PPP 项目提出，具体包括两层主要含义：①针对某一个基本类而言，其商品如果具备较高的市场份额或者销售份额，那么该商品可视为代表性商品。②一般说来，代表性商品较非代表性商品的价格较低，因此代表性商品的消费数量也相对较高。

ICP2005 实践表明，要明确区分代表性和非代表性商品非常困难，只有欧盟-OECD 和 CIS 地区搜集了这方面的数据。为加强实践上的可操作性，ICP 官方手册 2013 用重要性（importance）概念替换了代表性概念，并在 ICP2011 中进行了应用。重要性概念基本是代表性概念的第一层含义，根据商品的销售额或支出份额是否够大来予以判断。因此，相比代表性概念还需要结合价格进行权衡，重要性概念在操作性上更强。

3. 可比性

在多边比较中，各国的消费结构千差万别，各国挑选的规格品除了需要满足代表性，还要求保持商品在各国间的同质性，即需要保持商品间的可比性。对此，ICP2005 引入结构化产品描述法（structured product descriptions，SPD），对待采价产品的规格参数信息进行了描述，要求各国严格按照要求的规格来对相应的商品进行采价。此外，还要求各国在提交规格品价格数据时，再提交实际采价过程中的产品特征、规格参数信息，以便事后验证规格品的匹配情况。

在数据准备过程中，需要做到以下几点：①搜集规格品的年平均价格数据，而且是购买者价格数据；②搜集基本类支出数据；③对代表性和非代表性商品进行备注，或者按照重要性进行备注。

(二) 汇总计算

就同一基本类而言,不同国家或者不同地区待采价的商品可能并不完全相同,且一国代表性商品既可能在另一国并不存在,也可能在另一国存在但不属于其代表性商品;此外,单个商品只有价格数据,而基本类存在支出数据,这就可以以支出数据作为价格汇总时的权重。因此,购买力平价的测算以基本类为临界点,需要分成两个阶段,根据不同阶段的数据结构特征,可能需要选择不同的汇总方法和处理方式。

图 2.1 给出了购买力平价测算的基本逻辑步骤:①基本类水平购买力平价的测算。对各比较国单个商品的价格数据进行汇总,得到各国 155 个基本类水平购买力平价数据。采用的汇总方法是 GEKS 法和 CPD 法。②基本类以上水平购买力平价的测算。根据 SNA 从支出方对 GDP 的分解,先是分成几个主要组成部分(如居民个人消费支出、政府个人消费支出等),再将各组成部分又分为大类,大类分成中类,中类又分成小类,最后将小类分成基本类。第二阶段就是将第一阶段得到的各国基本类水平购买力平价数据,再结合基本类支出数据,逐级汇总计算出各国基本类以上水平的购买力平价,直至 GDP 层面的购买力平价。ICP 在这一阶段一般采用的汇总方法包括 GEKS 法、GK 法和 IDB 法。

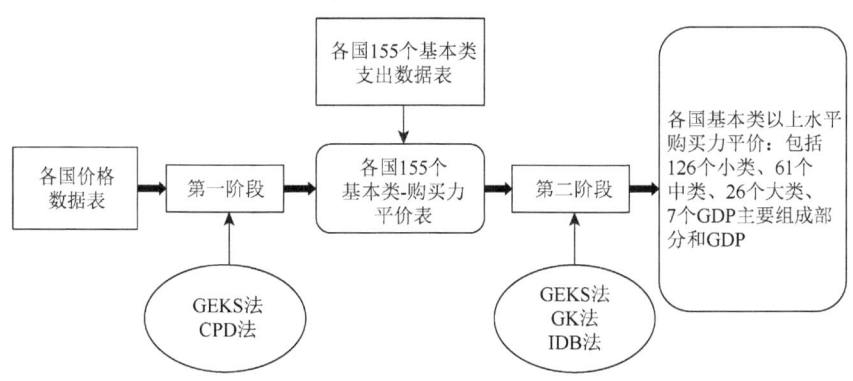

图 2.1 购买力平价测算的基本逻辑图

二、基本类水平价格汇总的基本方法

在多边指数理论中,主要包括两种基本类水平价格汇总方法:GEKS 法和 CPD 法,这也是国际比较实践中经常使用的两种汇总方法。本小节将阐述两种方法在针对不同数据类型时的构造原理。

（一）Jevons-GEKS 法及其变形法

在基本类水平，针对某一项基本类，由所有国家形成的价格数据就是一个面板数据。理想的数据情况如表 2.3 所示，各国均不存在缺失价格数据，表 2.3 是一张完整的或者平衡的面板数据表。

表 2.3　用于计算基本类购买力平价的价格数据

国家	商品 1	商品 2	…	商品 N
国家 1	p_{11}	p_{12}	…	p_{1N}
国家 2	p_{21}	p_{22}	…	p_{2N}
⋮	⋮	⋮		⋮
国家 C	p_{C1}	p_{C2}	…	p_{CN}

当然，这个面板数据也可能具备如下特征：①不是完整的或者不是一张平衡的表，即存在缺失价格数据；②一国代表性商品在另一国可能不是代表性商品的情形。因此，针对不同的数据特征，GEKS 法可以适当变形处理。具体包括以下三种情形。

（1）在表 2.3 中，所有国家形成的价格数据表是平衡的，不存在缺失价格数据，且没有有关代表性或者重要性的权重信息。在此情形下，可以使用 Jevons 指数作为基本类水平价格汇总方法。

（2）价格数据表是非平衡的，即存在缺失价格数据的情况，但是没有有关代表性和重要性的数据信息，对所有价格等权重处理。在此情形下，Jevons-GEKS 法用于获得具备传递性的比较。

（3）价格数据表是非平衡的，但有有关代表性的数据。代表性的商品标注为星号（*），可以采用 Jevons-GEKS*或者 Jevons-GEKS*（S）法进行此种情况下的基本类水平购买力平价的测算。

以下将就上述三种数据情形，详细阐述有关基本类水平的价格汇总方法。

1. Jevons 指数：处理没有权重的平衡数据

假定在给定基本类水平，所有国家采价的项目数为 N，且对所有项目作等权处理。

定义 p_{ij} 为 j 国第 i 个商品的国内价格，共存在 C 个国家。采用 Jevons 指数计算的该基本类水平购买力平价等于：

$$\text{PPP}_{jk}^{\text{Jevons}} = \prod_{i=1}^{N}\left[\frac{p_{ik}}{p_{ij}}\right]^{\frac{1}{N}}, \quad j,k = 1,2,\cdots,C \qquad (2.17)$$

式（2.17）表示以 j 为基准国，k 国相比 j 国的购买力平价。而且，此情形下的 Jevons 指数满足多边比较要求的传递性，即满足 $\text{PPP}_{jk} = \text{PPP}_{jl} \times \text{PPP}_{lk}$。

2. Jevons-GEKS 法：处理没有权重的不平衡数据

在不平衡的面板数据中，有些国家并未对基本类下的某些规格品进行采价。在此定义 N_j 表示 j 国采价的规格品数量。需要注意的是，如果针对某个规格品 i，假定在 j 国存在价格数据，而在 k 国不存在价格数据，那么在 j 国的规格品 i，在 k 国将没有与之对应的规格品进行价格比较。因此，在 Jevons 指数中，该商品 i 并不进入购买力平价的测算中。Jevons 指数只能对两国同时存在的规格品进行价格比较。进一步定义 N_{jk} 表示 j 国和 k 国共同存在的规格品数量。在此情形下，双边比较的购买力平价如下：

$$\text{PPP}_{jk}^{\text{Jevons}} = \prod_{i=1}^{N_{jk}}\left[\frac{p_{ik}}{p_{ij}}\right]^{\frac{1}{N_{jk}}} \qquad (2.18)$$

式（2.18）所定义的 Jevons 指数存在的问题是，当任意两两国家共同存在的规格品数量不相等时，在多边比较中，式（2.18）定义的购买力平价将不满足传递性。在此情形下，GEKS 过程就是一种产生具备传递性的多边价格指数技术。GEKS 法通过选择每一国都作为桥梁国，以两国与桥梁国比较的几何平均来实现传递性目标。GEKS 法计算的购买力平价等于：

$$\text{PPP}_{jk}^{\text{Jevons-GEKS}} = \prod_{l=1}^{C}\left[\text{PPP}_{jl}^{\text{Jevons}} \cdot \text{PPP}_{lk}^{\text{Jevons}}\right]^{\frac{1}{C}}$$

$$= \prod_{l=1}^{C}\left[\prod_{i=1}^{N_{jl}}\left(\frac{p_{il}}{p_{ij}}\right)^{\frac{1}{N_{jl}}} \cdot \prod_{i=1}^{N_{lk}}\left(\frac{p_{ik}}{p_{il}}\right)^{\frac{1}{N_{lk}}}\right]^{\frac{1}{C}} \qquad (2.19)$$

从式（2.19）可以看出，当价格数据表平衡时，Jevons-GEKS 法等价于式（2.17）Jevons 指数下的结果。

3. Jevons-GEKS* 法：处理包含代表性的非平衡数据

欧盟-OECD 自 1980 年以来一直采用 Jevons-GEKS 法，但欧盟统计局在 1980 年的比较中，也提出了代表性概念，同时引入了处理代表性问题的 Jevons-GEKS* 法。该方法的命名得益于在采价过程中，需要对代表性消费品进行标记（用*标记）。

这一方法的提出主要是考虑各国采价的商品对各国的重要性不同。在多边比较中，以两国 j 国和 k 国为例加以说明，具体包括以下三种情形：①在两国均存在价格且都是两国的代表性商品；②在两国均存在价格但只是某一方的代表性商品；③都不是两国的代表性商品。如果采用的是重要性概念，则用重要性概念替换代表性概念。

由于代表性商品一般是一国经常消费的商品，且价格相对较低，所以代表性商品应该在购买力平价的测算中发挥更高的作用或者说是重要性更高。Jevons-GEKS*法就是为了考虑代表性商品数量对购买力平价测算的影响。因此，在购买力平价的测算中，Jevons-GEKS*法完全不考虑在两国均不具备代表性的商品。

在介绍 Jevons-GEKS*法的构造原理之前，先定义 N_{jk}^R 代表在 j 国具有代表性且在 k 国进行了采价的商品数量；N_{kj}^R 代表在 k 国具有代表性且在 j 国进行了采价的商品数量。Jevons-GEKS*法分四步进行。

（1）以 j 国的代表性商品集计算双边比较购买力平价，由于选择的是基国的代表性商品集，欧盟-OECD 方法手册 2012 版将这种方法也称作 Laspeyres 价格指数：

$$\mathrm{PPP}_{jk}^{\mathrm{Jevons}(j-*)} = \prod_{i=1}^{N_{jk}^R}\left[\frac{p_{ik}}{p_{ij}}\right]^{\frac{1}{N_{jk}^R}} \quad (2.20)$$

（2）以 k 国的代表性商品集计算双边比较购买力平价，即 Paasche 价格指数：

$$\mathrm{PPP}_{jk}^{\mathrm{Jevons}(k-*)} = \prod_{i=1}^{N_{kj}^R}\left[\frac{p_{ik}}{p_{ij}}\right]^{\frac{1}{N_{kj}^R}} \quad (2.21)$$

（3）由于两国的代表性商品同时也在另一国进行了采价，因此应该利用所有在两国均进行了采价的商品数据。最终采用对式（2.20）和式（2.21）几何平均的方式构建了考虑代表性情形的 Jevons 指数，用星号进行标记。该指数也称 Fisher 价格指数：

$$\mathrm{PPP}_{jk}^{\mathrm{Jevons}(*)} = \left[\mathrm{PPP}_{jk}^{\mathrm{Jevons}(j-*)} \cdot \mathrm{PPP}_{jk}^{\mathrm{Jevons}(k-*)}\right]^{\frac{1}{2}} \quad (2.22)$$

（4）式（2.22）得到的双边指数仅仅利用了 j 国和 k 国的代表性商品数据，因此在多边比较中，即使数据表是平衡的，该指数也不具传递性。为得到传递性的比较结果，需要采用 GEKS 过程对 $\mathrm{PPP}_{jk}^{\mathrm{Jevons}(*)}$ 指数进行变换：

$$\mathrm{PPP}_{jk}^{\mathrm{Jevons\text{-}GEKS}(*)} = \prod_{l=1}^{C}\left[\mathrm{PPP}_{jl}^{\mathrm{Jevons}(*)} \cdot \mathrm{PPP}_{lk}^{\mathrm{Jevons}(*)}\right]^{\frac{1}{C}} \quad (2.23)$$

4. Jevons-GEKS*（S）法：处理包含代表性和权重的非平衡数据

Sergeev（2003）的研究指出，Jevons-GEKS*法存在这样的问题，如果一国的代表性商品数量比另一国要多，则对于代表性商品数量较多的国家而言，式（2.22）的 Jevons*指数会低估其价格水平。因此 Sergeev 认为，在计算两国的购买力平价时，需要考虑两国的代表性商品数量差异，为此，他提出了 Jevons-GEKS*（S）法。目前，虽然欧盟-OECD 仍使用 GEKS 法作为官方比较的方法，但同时尝试用 Jevons-GEKS*法和 Jevons-GEKS*（S）法的计算结果进行交叉验证。

在介绍 Jevons-GEKS*（S）法之前，先定义 N_{jk}^R 代表在 j 国具有代表性且在 k 国进行了采价但不具代表性的商品数量；N_{kj}^R 代表在 k 国具有代表性且在 j 国进行了采价但不具代表性的商品数量；N_{jk}^{**} 代表在两国均具有代表性的商品数量。Jevons-GEKS*（S）法分五步进行。

（1）以在 j 国具备代表性但在 k 国不具代表性的商品集计算双边比较购买力平价：

$$\text{PPP}_{jk}^{\text{Jevons}(j-*)} = \prod_{i=1}^{N_{jk}^R} \left[\frac{p_{ik}}{p_{ij}}\right]^{\frac{1}{N_{jk}^R}} \tag{2.24}$$

（2）以在 k 国具备代表性但在 j 国不具代表性的商品集计算双边比较购买力平价：

$$\text{PPP}_{jk}^{\text{Jevons}(k-*)} = \prod_{i=1}^{N_{kj}^R} \left[\frac{p_{ik}}{p_{ij}}\right]^{\frac{1}{N_{kj}^R}} \tag{2.25}$$

（3）以在两国均具备代表性的商品集计算双边比较购买力平价：

$$\text{PPP}_{jk}^{\text{Jevons}(**)} = \prod_{i=1}^{N_{jk}^{**}} \left[\frac{p_{ik}}{p_{ij}}\right]^{\frac{1}{N_{jk}^{**}}} \tag{2.26}$$

（4）由于式（2.24）和式（2.25）仅仅是利用了一国具备代表性的商品信息，而式（2.26）考虑的是两国均具代表性的商品，但所包含的商品数量更少，因此需要对三种指数进行平均。Sergeev 考虑式（2.24）~式（2.26）中三个商品集的数量差异，采用了加权几何平均的方法构建双边比较指数、权重等比例于各商品集的商品数量。最终所构建的双边比较指数等于：

$$\text{PPP}_{jk}^{\text{Jevons}*(S)} = \left[\text{PPP}_{jk}^{\text{Jevons}(**)}\right]^{w_1} \left[\text{PPP}_{jk}^{\text{Jevons}(j-*)}\right]^{w_2} \left[\text{PPP}_{jk}^{\text{Jevons}(k-*)}\right]^{w_3} \tag{2.27}$$

其中

$$w_1 = \frac{2N_{jk}^{**}}{2N_{jk}^{**} + N_{jk}^{R} + N_{kj}^{R}}, \quad w_2 = w_3 = 0.5 \times \frac{N_{jk}^{R} + N_{kj}^{R}}{2N_{jk}^{**} + N_{jk}^{R} + N_{kj}^{R}}$$

（5）在多边比较中，为获得具备传递性的比较结果，对所有式（2.27）中的双边指数采用 GEKS 技术：

$$\text{PPP}_{jk}^{\text{Jevons-GEKS}(*)} = \prod_{l=1}^{C} \left[\text{PPP}_{jl}^{\text{Jevons}*(S)} \cdot \text{PPP}_{lk}^{\text{Jevons}*(S)} \right]^{\frac{1}{C}} \quad (2.28)$$

以上介绍了 GEKS 法及其变形法的基本原理。欧盟-OECD 引入的 GEKS 法的变形方法虽然充分利用了各商品的代表性信息，尝试对原始 GEKS 法进行改进。但对于整个 GEKS 法及其变形法，有以下两个问题值得重点注意。

（1）由于 GEKS 法及其变形法的基础指数是 Jevons 指数，该指数是对两国的配对商品进行汇总计算，当基础价格数据表不平衡时，GEKS 法及其变形法无法利用所有已有的价格信息，如在 j 国采价但在 k 国没有进行采价的商品将不再进入 Jevons 指数中。此外，相比 GEKS 法，Jevons-GEKS*法和 Jevons-GEKS*（S）法丢失价格的情形更为严重，因为这两种方法处理的都是代表性商品，会损失那些在两国均进行采价，但在任何一方均不具代表性的商品价格信息。

（2）正如 ICP 官方手册 2013 所言，Jevons-GEKS*法和 Jevons-GEKS*（S）法严重依赖在一国是代表性商品但在另一国不是代表性商品的比较。如果共同代表性商品的比例过少，那么这两种方法均会扭曲两国的实际比较结果。如果两国之间的这种相互扭曲程度无法相互抵消，那么最终基本类水平的购买力平价数据会被高度扭曲（World Bank，2013）。而只有两国高度相似时，上述问题才可以忽略不计。

（二）CPD 法

为填充非平衡的价格数据表中的缺失数据，Summers（1973）基于 Hedonic 回归模型的思想提出了 CPD 法。从 ICP 实施开始，CPD 法一直被 ICP 用于测算基本类水平购买力平价。以下介绍 CPD 法的基本原理，包括对含代表性问题的处理方式，阐述该方法能利用到所有价格信息这一优点。

1. 基本 CPD 模型

就某一基本类，从随机指数角度对价格数据的生成机制进行解释，任一国（假定是 j 国）在该基本类下的某一商品的国内价格水平（用 p_{ij} 表示）受三部分因素的影响：j 国的总体价格水平即购买力平价（PPP_j），商品 i 的国际平均价格（P_i）以及随机扰动项（v_{ij}）。在 CPD 模型中，p_{ij} 等于上述三项的乘积：

$$p_{ij} = \text{PPP}_j \cdot P_i \cdot v_{ij}, \quad j=1,2,\cdots,C; \quad i=1,2,\cdots,N \quad (2.29)$$

在此假设随机扰动项服从均值为 0，方差为 σ^2 的对数正态分布。CPD 模型所暗含的基本假设通常视为"一价定律"（the Law of one price）假设。

对式（2.29）进行对数变换，进一步可将 CPD 模型变成求和模型：

$$\ln p_{ij} = \ln \text{PPP}_j + \ln P_i + \ln v_{ij} \quad (2.30)$$

假设 $\pi_j = \ln \text{PPP}_j$，$\eta_i = \ln P_i$，$u_{ij} = \ln v_{ij}$。则式（2.30）变为

$$\ln p_{ij} = \pi_j + \eta_i + u_{ij} \quad (2.31)$$

式中，u_{ij} 为满足独立同分布的正态分布。从 CPD 模型的计量含义理解，CPD 模型实则就是一个简单的固定效应模型，购买力平价估计反映的是国家效应，而商品的国际价格反映的是商品效应。

因此，在 CPD 模型中，参数 π_j 可以解释为国家 j 相比其他国家的一般价格水平。

如果选定第一个国家为基准国，那么 π_j 反映了 j 国货币的购买力。通过对 CPD 模型进行估计，求解得到 π_j 的估计量 $\hat{\pi}_j$，则 j 国的购买力平价可以用下式进行求解：

$$\text{PPP}_j = \exp(\hat{\pi}_j) \quad (2.32)$$

式（2.31）可以表示成一个所有解释变量均是虚拟变量的回归方程：

$$y_{ij} = \ln p_{ij} = \pi_1 D_1 + \pi_2 D_2 + \cdots + \pi_C D_C + \eta_1 D_1^* + \eta_2 D_2^* + \cdots + \eta_N D_N^* + u_{ij} \quad (2.33)$$

式中，$D_j(j=1,2,\cdots,C)$ 和 $D_i^*(i=1,2,\cdots,N)$ 分别为国家虚拟变量和商品虚拟变量。

2. CPD 法：处理不含权数的平衡数据（等价于 Jevons 指数）

当基础价格数据表是平衡的面板数据且没有权数时，在给定基本类下，可以证明 CPD 法等价于 Jevons 价格指数。

参数 π_j 和 η_i 可以采用 OLS 法进行估计，求解以下最小化问题：

$$\min \sum_{i=1}^{N} \sum_{j=1}^{C} (\ln p_{ij} - \pi_j - \eta_i)^2 \quad (2.34)$$

为求解上述最小化问题，对式（2.34）进行拉格朗日一阶分解，可求得 π_j 和 η_i 的表达式：

$$\begin{aligned} \pi_j &= \frac{1}{N}\left(\sum_{i=1}^{N} \ln p_{ij} - \sum_{i=1}^{N} \eta_i\right), \quad j=1,2,\cdots,C \\ \eta_i &= \frac{1}{C}\left(\sum_{j=1}^{C} \ln p_{ij} - \sum_{j=1}^{C} \pi_j\right), \quad i=1,2,\cdots,N \end{aligned} \quad (2.35)$$

如果选定第一个国家作为基准国，即施加一个 $\pi_1 = 0$ 的约束条件，则可以求解得到其他国家的参数估计结果和购买力平价：

$$\hat{\pi}_j = \frac{1}{N}\sum_{i=1}^{N}[\ln p_{ij} - \ln p_{i1}]$$

$$\text{PPP}_j = \exp(\hat{\pi}_j) = \prod_{i=1}^{N}\left[\frac{p_{ij}}{p_{i1}}\right]^{\frac{1}{N}} \quad (2.36)$$

利用式（2.36），可以得到两国 j 和 k 的双边价格指数等价于 Jevons 指数：

$$\text{PPP}_{jk} = \frac{\exp(\hat{\pi}_k)}{\exp(\hat{\pi}_j)} = \prod_{i=1}^{N}\left[\frac{p_{ik}}{p_{ij}}\right]^{\frac{1}{N}} \quad (2.37)$$

由此可见，当价格数据表是平衡的面板数据时，CPD 法和 Jevons-GEKS 法均等价于 Jevons 指数，在实际应用中选择任何一种方法都将得到同样的比较结果。相比之下，CPD 法具有一个优点，即可以计算估计量的标准误以衡量估计结果的可靠性程度。

3. CPD 法：处理非平衡的数据

在实际应用中，就某一基本类形成的各国价格数据表并不是平衡的，总有一些国家无法采集到某些商品的价格数据。CPD 法的提出正是为了处理非平衡的面板数据，通过 CPD 法所估计的回归模型可以填充缺失的价格数据，下面阐述 CPD 法的这一本质。

假定在平衡的面板数据中，商品个数为 N，但实际上对 j 国而言，采价的商品数量为 N_j 个，显然 $N_j \leqslant N$。类似地，就商品 i 而言，令 C_i 代表对商品 i 进行了采价的国家数，显然也存在 $C_i \leqslant C$。进一步要求 N_j 和 C_i 均严格为正，这暗含着必须至少有一种商品在每一国均进行了采价以及所有商品至少在一个国家进行了采价，这是保证 CPD 法存在解的充分条件（Rao，2004）。

同样地，可以采用式（2.31）的模型应用于所有数据，就 j 国而言，进入模型的商品数为 N_j，而不是平衡数据情形时的 N。但显然，$\sum_{j=1}^{C}N_c = \sum_{i=1}^{N}C_i$ 等于非平衡面板数据中的所有数据总量。这样，当价格数据表是非平衡的面板数据时，CPD 法充分利用了所有价格数据，相比 Jevons-GEKS 法，CPD 法不存在丢失价格信息的可能，而且可以利用回归模型的估计方程对缺失的价格数据进行填充。

4. CPRD 法：处理代表性问题

CPD 法是基于回归模型的思想，这就可以利用回归模型灵活性的特点，在模型中添加其他影响价格变化的控制变量。代表性概念的提出体现的含义是，相比非代表性商品，代表性商品更便宜。如果不将这种影响商品价格的因素考虑在内，CPD 法将得到无效的参数估计结果。为解决这一问题，Cuthbert J 和 Cuthbert M（1988）对 CPD 法进行了改进，提出了 CPRD 法。其具体处理方式是，在 CPD 回归模型中引入一个反映代表性的虚拟变量 R。CPRD 模型如下：

$$y_{ij} = \ln p_{ij} = \sum_{j=1}^{C} \pi_j D_j + \sum_{i}^{N} \eta_i D_i^* + \delta R + u_{ij} \quad (2.38)$$

如果商品属于代表性商品，则该商品对应的 R 取值为 0，否则为 1。通过对式（2.38）采取 OLS 估计，同时选定一国作为基准国，即令该国的购买力平价等于 1（等价于该国对应的 π 等于 0），最终可以利用式（2.36）转换得到各国的购买力平价估计结果。

CPRD 法的优点在于：①由于非代表性商品的价格相对较高，如果不考虑代表性问题，某一商品的国内价格水平会因非代表性商品而存在上偏，从而得到有偏的购买力平价估计结果。如果在 CPD 模型中考虑了代表性，那么代表性虚拟变量 R 的系数估计结果将为负，这就可以通过该虚拟变量来纠正非代表性商品对价格的上偏影响。②处理代表性问题的 Jevons-GEKS* 法和 Jevons-GEKS*（S）法都会存在这样的问题，当一国代表性的商品在另一国不存在价格时，该国代表性商品将不进入价格比较中，这将扭曲该国的价格比较结果。尤其是该情形下的商品数量非常多时，将更为严重地暴露出这两种方法的上述弊端。而 CPRD 法则不存在丢失价格的情形，可以避免上述重要价格丢失情况对比较的影响。

5. WCPD 法：处理重要性问题

在 ICP2005 中，欧盟-OECD 和 CIS 采用 Jevons-GEKS*（S）法进行基本类水平价格汇总，世界银行要求各区域采用 CPRD 法。但只有南美洲在提交商品价格数据时，同时对各商品的代表性情况进行了识别与标注，并最终使用了 CPRD 法，而亚太、西亚和非洲等其他地区并未做到代表性的识别，没有提交有关商品代表性的信息，最后只能采用 CPD 法进行基本类水平价格汇总。由于代表性的识别在实践上较难实现，ICP2011 引入重要性概念，并提出用该概念替换代表性概念，要求各区域在采价的过程中对商品是否属于重要性的消费品进行识别。

根据重要性概念，可以拓展 CPD 法。具体的处理方式是，根据重要性与否，引入适当的权重对商品进行加权，即对 CPD 模型进行 WLS 估计。在此假定 w_{ij} 表示施加给 j 国第 i 个商品的权重，WCPD 法是对 CPD 法的 WLS 估计：

$$\min \sum_{i=1}^{N}\sum_{j=1}^{C} w_{ij}(\ln p_{ij} - \pi_j - \eta_i)^2$$

$$= \min \sum_{i=1}^{N}\sum_{j=1}^{C}[w_{ij}(\ln p_{ij} - \pi_1 D_1 - \pi_2 D_2 - \cdots - \pi_C D_C - \eta_1 D_1^* - \eta_2 D_2^* - \cdots - \eta_N D_N^*)^2]$$

(2.39)

通过求解上述最优化问题，即可得到 CPRD 模型的参数估计结果，然后通过 $\exp(\pi_j)$ 的换算就可以求解得到各国的购买力平价。ICP 技术咨询组在 2011 年 4 月举办的会议上决定，推荐在 ICP2011 中使用 3∶1 的权重，重要性商品的权重为 3，非重要性商品赋权 1。最终在 ICP2011 的实践中，除欧盟-OECD 和 CIS 地区采用 Jevons-GEKS*法，其他地区均采用 CPRD 法，并采纳了 TAG 推荐的权重模式。

三、基本类以上水平价格汇总的基本方法

前面介绍了各国 155 个基本类水平购买力平价的汇总方法，根据购买力平价测算的基本逻辑，当获得 C 行×155 列的基本类水平购买力平价数据表时，再结合图 2-1 中同样是 C 行×155 列的各国支出数据（本国货币表示的名义支出），则可以进一步汇总计算基本类以上水平购买力平价。

基本类以上水平价格汇总的方法众多，本节仅介绍 ICP 历史上用过的三种汇总方法：GK 法、IDB 法和 GEKS 法。其中，GEKS 法和 GK 法是国际比较中最基本、在整个国际比较方法体系中占有重要历史地位的两种方法。国际比较中的多边价格汇总方法就是在 GEKS 法和 GK 法的基础上发展起来的。GK 法是 ICP2005 以前一直使用的方法；IDB 法是 GK 法的一种拓展方法，是 ICP2005 非洲区域使用的方法；GEKS 法是欧盟-OECD 区域 1990 年开始一直使用的方法，也是 ICP 当前所使用的方法。

（一）GK 法

爱尔兰统计学家 Geary 在 FAO 的重要工作就是比较世界各国农业产出及其变动情况，为消除各国农业产出指标所内涵的各国价格水平差异，需要使用购买力平价比较方法。为解决此问题，Geary（1958）提出了一种构建于联立系统的购买力平价计算方法，并将该方法推荐给了 FAO。

Geary 构建的方法的主要原理是，假定存在一个虚拟的国家，各国均可以采用该虚拟国的价格进行比较，这个价格被视为一个世界（国际）平均价格。也就是说，Geary 提出的方法的核心思想是希望用统一的价格进行物量比较。Geary 提

出通过以下联立系统进行世界平均价格和购买力平价的测算：

$$\pi_i = \frac{\sum_{j=1}^{C} \dfrac{p_i^j q_i^j}{\mathrm{PPP}_j}}{\sum_{j=1}^{C} q_i^j} = \sum_{j=1}^{C} \frac{p_i^j}{\mathrm{PPP}_j} \cdot \frac{q_i^j}{\sum_{j=1}^{C} q_i^j}, \quad i = 1, 2, \cdots, N \quad (2.40)$$

$$\mathrm{PPP}_j = \frac{\sum_{i=1}^{N} p_i^j q_i^j}{\sum_{i=1}^{N} \pi_i q_i^j}, \quad j = 1, 2, \cdots, C \quad (2.41)$$

式中，p_i^j 和 q_i^j 分别为 j 国第 i 种商品的国内价格和实物量，π_i 为第 i 种商品的世界平均价格，PPP_j 为 j 国的购买力平价。

从式（2.40）和式（2.41）可知 Geary 构建世界平均价格向量和计算购买力平价的具体思路。世界平均价格的构造可以从两个角度进行理解，第一种理解方式是从式（2.40）中间部分来看，第 i 个商品的国际平均价格等于各国经购买力平价调整的实际支出和，除以各国实物量总和，这显然符合一般经济意义上的平均价格概念：即价值总量除以数量等于平均价格。第二种理解方式是从式（2.40）右边部分来看，世界平均价格实则也是一个加权算术平均数。首先使用购买力平价对各国第 i 个商品的价格进行调整，然后使用各国在该商品上的实物量份额作为权重对上述调整后的价格进行加权，采用加权算术平均法计算得到第 i 个商品的世界平均价格。通过式（2.41）可知，购买力平价的测算本质上是一个 Paasche 指数，即通过本币价格水平表示的总支出与以世界平均价格表示的总支出之比来获得。

在 Geary 提出上述方法时，该方法并未受到广泛的关注。随后，Khamis（1970，1972）在 FAO 工作期间，对 Geary 构建的方法进行了系统性的研究。Khamis 的研究极大地拓展了人们对 GK 法的理论性质以及应用范围的认知。Khamis 的主要贡献在于：①给出了在多边比较中，GK 法联立系统存在唯一解的充要条件。并指出，在实际进行价格和物量比较时，这个充要条件几乎都可以满足。②发现了世界平均价格在 GK 法价格和物量比较时所具有的重要作用。并强调，世界平均价格在 GK 法联立系统中的重要性至少应与购买力平价相等同。③将 GK 法应用范围扩展到国民经济核算中时间维度价格和物量指数的编制中。

需要特别注意的是，在应用到 ICP 基本类以上水平购买力平价的测算时，在原始的 GK 法联立系统中，我们需要输入的价格数据和物量数据有所不同。在 ICP 中，GK 法中的各国价格数据对应的是各国基本类水平购买力平价，各国商品物量数据对应的是基本类物量数据，这点同前文 GEKS 法。

通过 GK 法的联立系统，我们可以求解得到各国的购买力平价数据。为得到唯一解，需要选定一个国家作为基准国，假定是第一个国家，然后将求解的购买力平价数据进行标准化，即可得到以第一个国家为基准国的购买力平价。对式（2.41）进行适当转换可知，可以通过两种方法计算各国的实际物量水平：

$$Q^j = \frac{\sum_{i=1}^{N} p_i^j q_i^j}{\text{PPP}_j} = \sum_{i=1}^{N} \pi_i q_i^j \qquad (2.42)$$

式（2.42）有两层含义：①各国实际物量的计算既可以通过购买力平价对名义支出进行价格调整，也可以通过一个统一的世界平均价格进行计算；②一国实际支出或者总物量水平等于各基本类实际支出或者物量之和，而各基本类实际支出又等于基本类数量乘以世界平均价格，简言之，总物量水平等于各分量物量水平的加总，这就是购买力平价汇总方法应该满足的一条重要性质——可加性。

由于 GK 法在采用同一的国际平均价格进行物量比较时，并未考虑消费者理论和生产者理论所述的价格变化会导致消费结构或者产出结构发生变化，即 GK 法没有考虑这种替代效应，会存在替代偏差。这是 GK 法的一个主要不足之处——与经济指数理论不一致。此外，从式（2.40）可知，GK 法中世界平均价格的构造所用权重是数量份额，一般说来，大国的消费数量相对较高，所以 GK 法中的世界平均价格会偏倚于大国的价格结构，而一般大国大多属于发达国家，则基于 GK 法世界平均价格的比较相对会高估发展中国家的实际物量水平。这是 GK 法的另一不足——存在格申科龙效应。后面将进一步阐述格申科龙效应就是因为替代偏差导致的。

（二）IDB 法

为消除国家规模对世界平均价格构造的影响，Ikle（1972）构造了一个新的联立方程系统，提出了一种 GK 法的变形方法。随后，Dikhanov（1994，1997）对 Ikle 的联立方程系统进行了更为清晰化的描述，Balk（1996）则证明了该方法解的唯一性。鉴于这些学者对该方法的突出贡献，该方法称作 IDB 法。

同前文定义，令 p_i^k 为 k 国第 i 个基本类水平购买力平价，q_i^k 为式（2.40）定义的该基本类消费数量。IDB 法联系方程系统如下：

$$\pi_i = \left[\frac{\sum_{k=1}^{C} s_i^k \left[\frac{p_i^k}{\text{PPP}_k} \right]^{-1}}{\sum_{j=1}^{C} s_i^j} \right]^{-1}, \quad i = 1, 2, \cdots, N \qquad (2.43)$$

$$\text{PPP}_k = \left[\sum_{i=1}^{N} s_i^k \left[\frac{p_i^k}{\pi_i}\right]^{-1}\right]^{-1}, \quad k=1,2,\cdots,C \tag{2.44}$$

式中，s_i^k 为 k 国第 i 个基本类的支出份额，如下：

$$s_i^k = \frac{e_i^k}{\sum_{i=1}^{N} e_i^k}, \quad e_i^k \text{ 为第 } i \text{ 个基本类国内支出} \tag{2.45}$$

从 IDB 法世界平均价格的构造看，IDB 法对世界平均价格的构造类似于 GK 法，只不过是"平均"的方式和权重不同。IDB 法是世界平均价格对各国基本类水平购买力平价经该国总体购买力平价调整后的调和平均值，GK 法是加权算术平均值，而重点在于权重选择的不同。GK 法采取数量份额（$q_i^j \big/ \sum_{j=1}^{C} q_i^j$）为权重，与国家规模有关；IDB 法是基于支出份额构造的权重（$s_i^k \big/ \sum_{j=1}^{C} s_i^j$）。支出份额相比数量份额相对中立于国家规模，因此 IDB 法被认为是一种民主化的方法，即各国在世界平均价格的构造中扮演了同等重要的角色（Dikhanov, 2010）。

尽管 IDB 法构造购买力平价的计算式（2.44）表面上与 GK 法存在较大差异，但实质上，式（2.41）和式（2.44）是等价的。为说明之，在此先将 s_i^k 进一步分解成：

$$s_i^k = \frac{p_i^k q_i^k}{\sum_{i=1}^{N} p_i^k q_i^k} \tag{2.46}$$

将式（2.46）代入式（2.44），可得

$$\text{PPP}_k = \frac{1}{\sum_{i=1}^{N}\left[\frac{p_i^k q_i^k}{\sum_{i=1}^{N} p_i^k q_i^k}\right]\left[\frac{\pi_i}{p_i^k}\right]} = \frac{\sum_{i=1}^{N} p_i^k q_i^k}{\sum_{i=1}^{N} \pi_i q_i^k} \tag{2.47}$$

从 ICP2005 开始，ICP 不再使用 GK 法，但非洲区域在 ICP2005 选择采用 IDB 法，这主要在于 IDB 法可以消除国家规模的影响。紧接着所介绍的 GEKS 法被视为是不存在替代偏差的方法，Deaton 和 Heston（2010）采用 ICP2005 的数据证明了 IDB 法比 GK 法的结果更接近于 GEKS 法下的比较结果。但同样地，IDB 法仍然无法完全消除替代偏差。

（三）GEKS 法

GEKS 法的基本思想最早由基尼系数的提出者 Gini（1924，1931）提出，但 Gini 构造该方法的出发点是为了解决可比的时间价格指数的传递性问题。鉴于当时在国际上还未开展基于购买力平价的国际比较，Gini 并未考虑将 GEKS 法同空间价格比较相联系。GEKS 法真正应用于国际比较得益于匈牙利统计学家 Elteto 和 Koves（1964）和波兰统计学家 Szulc（1964）的研究成果。由于上述成果在发表时并未使用英语，这些研究成果在当时并未受到足够的注意。GEKS 法受到国际学术界的关注归功于 Drechsler 在 1973 年发表于《收入与财富》上的文章，Drechsler（1973）详细介绍了 Elteto、Koves 和 Szulc 所提出的这个方法，并将其命名为 EKS 法。由于 EKS 法的基本思想得益于 Gini 的研究成果，随后该方法又被称作 GEKS 法。

在阐述 GEKS 法的构造原理之前，先给出几个定义。令 N 代表基本类个数（在 ICP 中共 155 个），C 代表参与比较的国家总数。第 k 个国家第 i 个基本类水平购买力平价定义为 p_i^k，该基本类相应的国内支出等于 e_i^k。基于上述定义，可以求解各国在所有基本类的物量水平，并将其也视为一个数量值，如下：

$$q_i^k = \frac{e_i^k}{p_i^k}, \quad i=1,2,\cdots,N; \quad k=1,2,\cdots,C \tag{2.48}$$

假定有两个国家 j 和 k，选择 j 国作为基准国。测算基本类以上水平购买力平价的 GEKS 法分四步进行。

（1）以 j 国的基本类数量为权重，基于 Laspeyres 指数计算购买力平价如下：

$$\text{PPP}_{jk}^L = \frac{\sum_{i=1}^{N} p_i^k q_i^j}{\sum_{i=1}^{N} p_i^j q_i^j} \tag{2.49}$$

（2）以 k 国的基本类数量为权重，基于 Paasche 指数计算的购买力平价如下：

$$\text{PPP}_{jk}^P = \frac{\sum_{i=1}^{N} p_i^k q_i^k}{\sum_{i=1}^{N} p_i^j q_i^k} \tag{2.50}$$

（3）在只有两国比较的情况下，不管是从指数的公理化检验，还是从经济指数观点看，Fisher 指数已被证明是一种最优指数或者理想指数。为同时考虑两国的支出结构，基于 Fisher 指数计算的购买力平价采取对 Laspeyres 指数和 Paasche 指数的几何平均：

$$\mathrm{PPP}_{jk}^{\mathrm{F}} = \sqrt{\mathrm{PPP}_{jk}^{\mathrm{L}} \times \mathrm{PPP}_{jk}^{\mathrm{P}}} \quad (2.51)$$

（4）在多边比较中，需要让不满足传递性的 Fisher 指数具备传递性。具体方法是通过 C 对 Fisher 指数的乘积取几何平均值，如下：

$$\mathrm{PPP}_{jk} = \prod_{l=1}^{C}[\mathrm{PPP}_{jl}^{\mathrm{F}} \times \mathrm{PPP}_{lk}^{\mathrm{F}}]^{\frac{1}{C}} \quad (2.52)$$

如果选定一个国家作为基准国，如第一个国家（在 ICP 中选择美国作为基准国），则第一个国家的购买力平价等于 1。在 GEKS 法中，则各国的购买力平价均是与第一个国家比较的结果。假定以基准国计算的各国购买力平价序列如下：

$$\mathrm{PPP} = (\mathrm{PPP}_1 = 1, \mathrm{PPP}_2, \mathrm{PPP}_3, \cdots, \mathrm{PPP}_C) \quad (2.53)$$

基于式（2.53）计算的各国购买力平价，则可以计算得到各国 GDP 的实际物量水平 Q_k：

$$Q_k = \frac{\sum_{i=1}^{N} p_i^k q_i^k}{\mathrm{PPP}_k}, \quad k = 1, 2, \cdots, C \quad (2.54)$$

需要注意的是，如果要计算图 2-1 中 GDP 各分类水平的购买力平价及其实际物量水平，则只需要根据各分类水平的基本类水平购买力平价和支出数据进行汇总计算。

GEKS 法利用了所有参与国的双边 Fisher 指数，保留了 Fisher 指数诸多优良性质，如为最高级指数；可以对任意的二阶可微的位似效用函数进行逼近，此时，GEKS 法等价于一类经济指数（Diewert，1999）。因此，GEKS 法与经济指数理论是一致的，这种处理方式较大程度解决了 GK 法和 IDB 法仅使用国际平均价格对支出进行加权的弊端，避免了 GK 法和 IDB 法替代偏差的存在。遗憾的是，GEKS 法所获取的实际支出数据无法保证总量水平与各分量水平的内在一致性，无法进行实际支出结构的国际比较。

四、评述

购买力平价的测算是国际比较的核心内容。待比较的商品应该具备什么特征、测算购买力平价的基础数据需满足何种要求、如何进行价格汇总，这些都是以期得到合理的购买力平价的必要工作。本节详细阐述了购买力平价测算的方法论基础，从中可以总结出以下几点认识。

（1）从购买力平价测算的一般逻辑看，首先需要明确待比较的规格品目录，理想的规格品需要满足代表性和可比性，即要求参与比较的商品不仅是各国居民常用的消费品，还在国家间是同质的。然而事实上，代表性和可比性的难以协调一直是国际比较中的理论难题,提高了代表性一般会降低可比性,提高了可比性一般会降低代表性。其次,在明确了待比较的规格品后,需要搜集各规格品的年平均价格数据,而且必须是购买者价格数据,在采价过程中还需要备注各商品的代表性信息,此外,还需搜集各基本类支出数据,这些数据将构成购买力平价测算的数据基础。最后,购买力平价的测算将分两步进行:基本类水平购买力平价的测算和基本类以上水平购买力平价的测算。

（2）基本类水平购买力平价测算的基本方法包括 GEKS 法和 CPD 法。根据基础价格数据表的基本特征以及是否需要考虑代表性问题,已经形成了多种 GEKS 法的变形法和 CPD 法的拓展方法。在不存在缺失价格数据且不需要考虑代表性问题时,可以使用 Jevons-GEKS 法和 CPD 法,在此情形下,这两种方法的结果是相同的;在需要考虑代表性或者重要性问题时,可以使用 $GEKS^*$ 法、$GEKS^*$（S）法、CPRD 法和 WCPD 法。相比 GEKS 法及其变形法,CPD 法及其拓展方法的主要优势在于:一是可以充分利用已有价格数据信息,不存在丢失价格信息的可能;二是利用估计的回归模型,可以填充缺失的价格数据;三是可以计算估计的标准误,便于考察购买力平价数据的可靠性程度。

（3）基本类以上水平购买力平价测算的基本方法包括 GEKS 法、GK 法和 IDB 法。GEKS 法是使得 Fisher 指数具备传递性的方法,而 GK 法和 IDB 法是通过虚拟一个国家的价格结构代表一个国际平均价格,希望基于统一的价格进行物量的比较。从应用角度看,这三种方法各有优劣。GK 法和 IDB 法均满足可加性,比较的结果可以用作支出结构分析,IDB 法可以消除 GK 法受国家规模的影响,但二者均与经济指数理论不一致,存在替代偏差。相比之下,GEKS 法则与经济指数方法理论是一致的,不存在替代偏差,但是 GEKS 法不满足可加性。所以在应用上,国际比较领域的大多数学者主张用 GEKS 法进行实际物量的比较,用 GK 法等可加的方法进行结构分析。这也是欧盟-OECD 区域曾经所主张的方式:GEKS 法作为官方物量比较的方法,GK 法作为支出结构分析的备选方法,以满足不同客户的分析需求。

第三节 多边指数理论

指数除了有其特定的经济解释外,本身也有一定的规律性。在国际比较中,购买力平价本质上就是一种空间价格指数,多边价格指数汇总方法的优劣性,可以通过评价方法是否满足更多的指数本身的规律性特点,即指数的公理化方法来判断。本节一方面探讨多边价格指数的公理化方法,另一方面探讨多边比较方法相关重要的检验理论,这些检验理论在国际比较中一直被视为多边价格汇总方法理应满足的重要优良性质。

一、指数公理化体系

指数选择的优劣对价格比较的质量有着至关重要的影响,类似于数学意义上的公理或者定理,给出指数的公理化方法,即在某些特定的基本假设基础上对指数的性质进行演绎推理的理论方法,这显然也是一种严谨的科学方法。在多边比较中,同样提出了一套多边价格指数公理化体系,用于评判方法优劣。Balk(2001)指出,检验方法或者公理化方法强调了任何国际比较的首要目的是进行物量的比较,价格指数只是扮演了一个间接角色,因此,多边比较中的公理化方法通过物量份额指标来构建。

Diewert(1999)提出了一套包括 13 条多边比较公理的公理化体系,ICP 官方手册 2013 版重点引用了其中的 11 条公理。接下来详细阐述这 11 条重要的公理。先给出以下定义,$P \equiv [p^1, p^2, \cdots, p^K]$ 表示一个 N 行$\times K$ 列的基本类水平购买力平价(或者是"价格")矩阵,N 代表基本类个数,K 代表国家个数;定义 $Q \equiv [q^1, q^2, \cdots, q^K]$ 为一个 N 行$\times K$ 列的基本类物量(或者是"数量")矩阵。基于上述价格和数量数据,采用任何多边比较方法,都可以得到 K 个国家的物量水平,定义为 $Q^1, Q^2, \cdots, Q^K$,以及相应的购买力平价,定义为 $P^1, P^2, \cdots, P^K$。一国的物量水平 Q^k 可视为价格矩阵 P 和数量矩阵 Q 的函数 $Q^k(P,Q)$。当计算得到各国的物量水平时,即可求得各国的物量份额,定义为 $S^k(P,Q)$:

$$S^k(P,Q) \equiv \frac{Q^k(P,Q)}{\sum_{j=1}^{K} Q^j(P,Q)} \tag{2.55}$$

多边价格指数 11 条公理化方法具体如下。

(1)**公理 1**:份额检验(share test)。存在 K 个连续的正函数 $S^k(P,Q)$,$k=1,2,\cdots,K$,使得下式成立:

$$\sum_{k=1}^{K} S^k(P,Q) = 1 \tag{2.56}$$

份额检验要求在多边比较中,各国的物量份额之和恒等于 1。显然,这一条检验很容易满足。这条公理最初是由 Diewert(1986)提出的。

(2)**公理 2**:比例数量检验(proportional quantities test)。假定 $q^k = \beta_k q$,其中,某些 $q \gg 0_N$,且 $\beta_k > 0$,且 $\sum_{k=1}^{K} \beta_k = 1$,则存在以下关系式成立:

$$S^k(P,Q) = \beta_k, \quad k=1,2,\cdots,K \tag{2.57}$$

比例数量检验说明，就 k 国而言，如果数量向量 q^k 等于一个正的分数 β_k 乘以各国所有数量和向量 q，则该国的物量份额 $S^k(P,Q)$ 应该等于 β_k。

（3）**公理 3**：比例价格检验（proportional prices test）。假定 $p^k = \alpha_k p$，其中 $p \gg 0_N$，且 $\alpha_k > 0$。则存在以下关系式成立：

$$S^k(P,Q) = \frac{pq^k}{p\sum_{j=1}^{K} q^j}, \quad k = 1,2,\cdots,K \tag{2.58}$$

比例价格检验说明，如果所有国家的价格向量 p^k 成比例于一个统一的价格向量 p，则各国的物量份额 $S^k(P,Q)$ 等于数量向量的价值（以该统一的价格向量 p 衡量）除以所有国家数量和向量的价值（同样以统一的价格向量 p 衡量）。因此，如果各国价格同比例于一个统一的价格向量 p，则 p 可以视为一个参考国际价格，用于决定各国的物量份额。而且在进行归一化处理后，各国的物量水平 Q^k 就等于 pq^k。

公理 2 和公理 3 也可以视为对应于双边指数中的恒等检验（identity test）。

（4）**公理 4**：可通约性检验（commensurability test）。令 $\delta_n > 0, n = 1,2,\cdots,N$，同时定义 Δ 为一个 $N \times N$ 的对角矩阵，主对角线上的元素为 δ_n，则存在以下关系式成立：

$$S^k(\Delta P, \Delta^{-1} Q) = S^k(P,Q), \quad k = 1,2,\cdots,K \tag{2.59}$$

可通约性检验要求，各国物量份额不受商品测量单位的影响。这条公理是指数理论中最标准的公理化方法，由 Diewert（1986）提出。

（5）**公理 5**：商品逆检验（commodity reversal test）。令 Π 表示一个 $N \times N$ 的置换矩阵，则存在以下关系式成立：

$$S^k(\Pi P, \Pi Q) = S^k(P,Q), \quad k = 1,2,\cdots,K \tag{2.60}$$

商品逆检验要求，在多边比较中，当商品组中的商品顺序打乱时，并不会影响各国物量份额的计算结果。公理 5 由 Diewert（1986）提出。

公理 4 和公理 5 也称为不变性检验（invariance tests）。

（6）**公理 6**：国家逆检验（country reversal test）。令 $S(P,Q)$ 表示一个由各国物量份额构成的 K 维列向量，同时令 Π^* 表示一个 $K \times K$ 的置换矩阵，则存在以下关系式成立：

$$S(P\Pi^*, Q\Pi^*) = S(P,Q)\Pi^* \tag{2.61}$$

国家逆检验的含义是，国家的排列顺序发生变化相应只会改变物量份额向量中元素的排列顺序，但不会改变各国的物量份额值，即国家逆检验要求在多边比较中，在定义国家物量份额函数时，必须以对称的方式对待各国。这条公理由 Kravis 等（1975）视为基国不变性，即选择任何一国为基准国，并不会改变各国的物量份额结果。这一性质也可称为平等性检验：各国必须以公平的、对称的方式被对待。公理 6 是多边比较中的一条非常重要的性质。

（7）**公理 7**：货币单位检验（monetary units test）。令 $\alpha_k > 0, k = 1, 2, \cdots, K$，则存在以下关系式成立：

$$S^k(\alpha_1 p^1, \cdots, \alpha_K p^K, Q) = S^k(p^1, \cdots, p^K, Q) = S^k(P, Q), \quad k = 1, 2, \cdots, K$$
（2.62）

货币单位检验的含义是，各国价格数量级的变化或者价格度量单位的变化，并不会影响各国的物量份额计算结果。换言之，只有当各国的相对价格发生变化时才会改变多边比较结果。公理 7 实则表述的是物量份额函数是一个关于价格的零阶齐次函数，因此公理 7 也称为价格齐性检验

（8）**公理 8**：数量齐性检验（homogeneity in quantities test）。令 $\lambda_i > 0$，$i = 1, 2, \cdots, K$，j 为另一个不同于 i 的国家，则存在以下关系式成立：

$$\frac{S^i(P, q^1, \cdots, \lambda_i q^i, \cdots, q^K)}{S^j(P, q^1, \cdots, \lambda_i q^i, \cdots, q^K)} = \frac{\lambda_i S^i(P, q^1, \cdots, q^i, \cdots, q^K)}{S^j(P, q^1, \cdots, q^i, \cdots, q^K)} = \frac{\lambda_i S^i(P, Q)}{S^j(P, Q)} \quad (2.63)$$

数量齐性检验要求，i 国与 j 国的相对物量份额是一个关于 i 国数量向量 q^i 的线性齐次函数。

（9）**公理 9**：数量单调性检验（monotonicity in quantities test）。令 $q_1^k \geqslant q_2^k$，且 $k = 1, 2, \cdots, K$，则存在以下关系式成立：

$$S^k(P, q^1, \cdots, q_1^k, \cdots, q^K) > S^k(P, q^1, \cdots, q_2^k, \cdots, q^K) \quad (2.64)$$

数量单调性检验要求，k 国的物量份额函数是关于该国数量向量的增函数。（在此，只需要数量向量中某一种或多种商品数量增加，而其他商品数量不减少的情形下，上述单调性结论即成立。）多边比较中的数量单调性检验由 Diewert（1999）提出。

（10）**公理 10**：国家分割检验（country partitioning test）。令 A 为 $\{1, 2, \cdots, K\}$ 的一个真子集，假定对于任意 $i \in A$，存在 $p^i = \alpha_i p^a$，$q^i = \beta_i q^a$，其中 $\alpha_i > 0$，$\beta_i > 0, \sum_{i \in A} \beta_i = 1$，$p^a \gg 0_N, q^a \gg 0_N$。定义 $\{1, 2, \cdots, K\}$ 的一个子集 $B \not\subset A$，同时定义 B 所对应的国家价格矩阵和数量矩阵分别为 P^b 和 Q^b。则存在以下关系式成立：

$$\frac{S^i(P, Q)}{S^j(P, Q)} = \frac{\beta_i}{\beta_j}, \quad i, j \in A \quad (2.65)$$

$$S^i(P, Q) = S^{i*}(p^a, P^b, q^a, Q^b), \quad i \in B \quad (2.66)$$

国家分割检验的第一条公理内涵的含义如式（2.65），即对包括所有国家的集合进行分割，得到一个子集 A，如果 A 中各国形成的数量向量正比（比例为 β_i）

于一个常数数量向量 q^a，而价格向量正比于一个常数价格向量 p^a，那么国家组 A 对应的物量份额函数反映了上述数量比例分配情况，换言之，两国的物量份额之比应该等于各国的数量比例因子之比。国家分割检验的第二条公理内涵的含义如式（2.66），子国家集 B 的物量份额函数既等于原始的物量份额函数，也等于新的物量份额函数，该函数将原始子国家集 A 汇总成一个单一的国家，并采用价格向量 p^a 和数量向量 q^a 分别代表 A 所对应的价格矩阵和数量矩阵。公理 10 可视为 Diewert（1986，1988）提出的国家分割检验的一般化情形。

（11）**公理 11**：可加性检验（additivity test）。根据价格矩阵 P 和数量矩阵 Q，如果可计算求得一个世界参考价格 $\pi \gg 0_N$，则存在以下关系式成立：

$$S^k(P,Q) = \frac{\pi q^k}{\pi \sum_{i=1}^{K} q^i}, \quad k=1,2,\cdots,K \qquad (2.67)$$

可加性检验表明，如果各国的物量水平 Q^k 同比于国际价格 π 与各国数量向量的乘积，则此多边比较方法是可加的方法。

二、汇总方法检验理论

国际比较中的价格汇总方法应该具备一些重要的统计性质和经济性质，这些优良性质对评价汇总方法的好坏以及在应用中根据实际需求进行方法的选择，都具有重要参考意义。Drechsler（1973）提出了在国际比较中汇总方法所需要具备的一些优良性质，Kravis 等（1982）进一步系统阐述了汇总方法应该具备的诸多优良性质。本节将介绍四条最为重要的性质：基国不变性、传递性、可加性以及特征性。

1. 基国不变性

基国不变性是指，在多边比较中，不论选择哪一国作为基国，这并不会改变最终的相对物量比较结果。换言之，基国不变性是为了保证比较结果的唯一性，基准国的选取只是为了找到一个比较的基准，但这对最终物量比较的结果不会产生任何影响。

2. 传递性

传递性要求在多边比较中，两国之间的直接比较（包括价格比较和物量比较）应该与通过第三国间接比较得到的结果相等。为具体说明，假设 AB 两国、BC 两国和 AC 两国的购买力平价分别为 PPP_{AB}、PPP_{BC}、PPP_{AC}，相应的物量比较结果

为 Q_{AB}、Q_{BC}、Q_{AC}，则传递性要求 $PPP_{AC} = PPP_{AB} \times PPP_{BC}$ 和 $Q_{AC} = Q_{AB} \times Q_{BC}$。可见，传递性是为了保证指数满足内部一致性。

3. 可加性

可加性要求各国所有汇总层面的支出项的物量值应该等于该支出项下各子类支出的物量值之和。假定 π_i 为第 i 个基本类的世界平均价格，q_i^A 为 A 国第 i 个基本类的支出数量（实际中是物量值），在多边比较中，可加性等价于各支出项的物量值可以使用统一的价格进行加总，即 $Q_A = \sum_{i=1}^{N} \pi_i q_i^A$。满足可加性，即可保证经购买力平价调整的支出数据仍具有名义支出数据的内部结构一致性。

4. 特征性

Drechsler（1973）对特征性的最初表述是等权特征（equi-characteristic），具体是指在计算价格指数和物量指数时，所用权重应符合相比较的两国的特征。随后 Kravis 等（1982）将特征性描述为，最优的比较应该是仅取决于相比较的两国的价格数据和支出数据。而在多边比较中，两国之间的比较结果必然受到其他国家价格和支出数据的影响，特征性就是要求最小化其他国家数据的影响，尽可能地降低多边比较方法对双边比较结果的扭曲程度。

第三章　多边比较方法问题探析

购买力平价的实质是通过一套复杂的统计方法计算出来的价格折算因子。在复杂多变的全球经济中，各国经济发展水平、经济结构差异巨大，要计算得到较准确的购买力平价估计，困难重重。如何确定可比的和具代表性的商品、如何采价得到准确的价格数据、如何进行价格汇总等，都将直接影响计算得到的购买力平价数据质量。其中，汇总方法在购买力平价的计算中扮演了极为重要的角色。Deaton 和 Heston（2010）直言不讳："汇总方法的选择不同，则各国之间的相对经济规模也会产生差异。"可见，汇总方法的选择将对最终的比较结果产生根本性的影响。

经过半个多世纪的发展，在国际比较领域已经发展出众多多边价格指数汇总方法，新的方法仍不断涌现，这折射出这样的事实：现存方法并不完美。从 ICP 对方法的使用看，ICP 在汇总方法的使用上一直游离不定，长期以来，ICP 官方并未要求各区域选择统一的方法。可见，ICP 对方法的使用态度也反映了现存方法仍存在改进的必要性。

不论是从理论方法的研究程度，还是从其所提供的数据的权威性与详细程度，ICP 都占据了整个国际比较研究领域的制高点。因此可以毫不夸张地说，当前国际上的学者和研究机构关于国际比较的前沿研究几乎都是围绕 ICP 的基本理论，利用 ICP 所提供的数据基础而展开的（王岩，2015b）。ICP 的核心地位如此高，其受到的争议和讨论也最多。历年轮 ICP 比较结果公示之后，其数据可靠性均会成为国际社会的讨论焦点，由此也引发对 ICP 方法问题的讨论。本章将从理论层面和应用层面，系统阐述现行多边价格指数汇总方法存在的问题，以及现行方法本身和应用上几个颇具争议的重要议题，以期引出本文拟解决的关键问题。

第一节　理论层面问题探析

多边价格汇总方法还存在一些现实棘手的理论问题，对这些问题的梳理与解决有助于提高国际比较结果的科学性、公信度。本节将探讨汇总方法存在的两个主要理论层面问题：没有一种方法能通过所有指数公理和检验理论，质量调整问题凸出。

一、无法通过所有指数公理和检验理论

第二章第三节介绍了多边价格指数的公理化体系,共包括 11 条公理,这些公理对评价汇总方法的优劣非常重要。根据上述公理化体系,Diewert(1999)对诸多汇总方法进行了比较。根据 Diewert 的研究结论,从历年轮 ICP 所使用过的三种汇总方法看,并不存在某一种汇总方法可以通过所有公理化检验。

具体地,在所有 11 条公理中,每种方法均不满足其中的 2 条公理化检验。GK 法不满足公理 8 所述的数量齐性检验和公理 9 所述的数量单调性检验;IDB 法则不满足公理 9 所述的数量单调性检验和公理 10 所述的国家分割检验;而 ICP 现行的 GEKS 法不满足公理 10 所述的国家分割检验和公理 11 所述的可加性检验。可见,从多边价格指数的公理化体系看,我们无法凭借方法所通过的公理化检验数量,严格地判定哪种方法就一定相比其他方法更优。表 3.1 给出了各汇总方法满足的公理化检验对比结果。

表 3.1 各汇总方法满足的公理与检验理论对比情况

公理化体系与检验理论	GK 法	IDB 法	GEKS 法
公理 1:份额检验	√	√	√
公理 2:比例数量检验	√	√	√
公理 3:比例价格检验	√	√	√
公理 4:可通约性检验	√	√	√
公理 5:商品逆检验	√	√	√
公理 6:国家逆检验	√	√	√
公理 7:货币单位检验	√	√	√
公理 8:数量齐性检验	×	√	√
公理 9:数量单调性检验	×	×	√
公理 10:国家分割检验	√	×	×
公理 11:可加性检验	√	√	×
检验理论一:基国不变性	√	√	√
检验理论二:传递性	√	√	√
检验理论三:可加性	√	√	×
检验理论四:特征性	×	×	√

注:"×"表示汇总方法不满足该条公理或者检验理论,"√"表示满足

表 3.1 同样给出了各方法满足的检验理论情况，这四条重要的检验理论一直是 ICP 所注重的汇总方法理应满足的优良理论性质。基国不变性和传递性是多边比较中应该满足的两条最为基本的理论性质。如第一章文献回顾所述，多边比较方法的提出就是为了解决双边比较方法不满足基国不变性与传递性的问题。因此，GK 法、IDB 法和 GEKS 法这三种多边价格汇总方法显然都满足基国不变性和传递性。问题出现的分水岭在于可加性与特征性的协调上，GK 法和 IDB 法这两种满足可加性的方法不满足特征性，而满足特征性的 GEKS 法却不满足可加性。

就可加性而言，GK 法和 IDB 法是通过构建统一的国际平均价格向量进行实际物量的比较，各支出总量的物量水平均等于该支出项各子类支出之和，GK 法和 IDB 法保持了支出结构的内部一致性。而 GEKS 法并没有构造一个国际平均价格向量，不满足前面定义的可加性条件，因此 GEKS 法存在的一个最大的理论问题就是无法保证支出结构的内部一致性。

就特征性而言，满足可加性的 GK 法存在替代偏差的原因在于，国际平均价格向量与一国国内价格结构存在较大差异，GK 法的国际平均价格向量的结构偏倚于发达国家。因此，GK 法下的比较结果更难准确地反映不发达国家的价格结构和支出结构模式。这实则就是 Drechsler 所述的，特征性指的是双边比较能反映两国的权重模式，这种权重模式就是价格权重模式和支出权重模式。GK 法中的国际平均价格向量向发达国家倾斜，故更多地反映发达国家的权重模式，所以不满足特征性。虽然 IDB 法已被证实可以降低替代偏差，但却无法完全消除替代偏差，所以其仍不满足特征性或者说特征性仍较差。GEKS 法则是使得双边 Fisher 指数获取传递性的方法，在很大程度上解决了 GK 法仅使用国际平均价格进行物量比较的弊端，避免了 GK 法所存在的替代偏差。而且 GEKS 法保留了 Fisher 指数的诸多优良性质。所以在多边比较中，一般认为 GEKS 法满足特征性。

从四种检验理论看，ICP 采用过的汇总方法均无法同时满足所有优良理论性质，而问题的焦点在于，可加性与特征性这两条性质无法同时满足。因此，从使得汇总方法具备更多优良性质的角度看，如何协调可加性与特征性，可以成为汇总方法发展的一个方向。

二、质量调整问题

（一）进行质量调整的原因

在国际比较中，要得到准确的价格比较结果，最理想的状态自然是待比较的商品不仅是各国的代表性商品,而且这些商品在国家间是完全可比的。其中,可比性是对待比较商品的一项重要要求。可比性体现的是这样的含义,只有完全可比的商品之间的价格比较才是纯价格比较。换言之,只要商品之间的可比性不是百分之百的,则得到的价格比较结果并不是纯价格比较。

事实上,由于国际比较中的参与国来自不同地理区域,各国在宗教信仰、政治制度、资源禀赋、经济结构和消费结构等方面都存在不同程度的差异,严格说来,在现实中我们难以获得在所有国家中完全同质可比的一种商品。国际比较中待比较的商品数量众多,这更不可能保证各商品的完全可比性。虽然 ICP 设计了 SPD,要求各国按照 SPD 的要求对符合规定的商品进行采价,同时还要求各国提交采价商品的实际规格和特征信息,希望通过 SPD 可以提高各国商品的可比性。但这仍难以实现商品的完全同质可比。

在国际比较中,可比性的不足主要表现为商品质量的不同。例如,同类型的货物商品可能会由于材料使用的不同而存在质量差异,如衣服材质与含棉量有关、鞋子质量与橡胶耐磨性有关等;同类型的机器设备也可能存在性能差异。

当比较的商品存在质量差异时,价格比较的结果实则内涵了商品质量因素。相对而言,发展中国家的商品价格普遍较低,如果这种低价格的一个诱导因素是其商品质量较差,那么国际价格比较的结果将低估发展中国家的价格水平。基于价格比较结果而进行的实际经济实力比较、不平等研究、贫困率测算等结果的准确性也将大打折扣。因此,要进行纯价格比较,就需要剔除价格中所隐含的商品质量因素。

(二) ICP 质量调整现状

由于货物类商品均存在市场价格,通过 SPD 对待采价商品的有关规格参数信息进行限定,要求各国尽可能采集与参数信息相近的商品价格,因此,相比非市场性服务而言,货物类商品的可比性要好很多。而非市场性服务本身就是国民经济核算中的难点核算领域,不存在市场价格,可比性较差。ICP 采用投入法进行非市场性服务的比较,对政府提供的个人教育服务、医疗服务、公共服务是采用雇员报酬作为购买力平价测算的数据基础。

在低收入国家,由于政府机构、医疗行业和教育行业配备的机器设备相对较少,在上述单位的员工生产率相比高收入国家要低,因此这些国家的员工薪酬也较低。可见,低收入国家的政府、医疗和教育行业中的低雇员报酬隐含了低生产率因素。鉴于此,ICP2005 和 ICP2011 提出对政府服务的价格比较进行生产率调整,以提高政府服务的可比性。但在 ICP2011 中,由于欧盟、OECD 以及 CIS 等地区对教育和医疗服务开始采用产出法(数量比较),这些地区并未进行生产率调整。显然，在产出法比较下，仍然存在质量调整的必要，如大学存在教学设备质量差异、学生人均教职工数不同、住宿条件差异等；医院存在患者人均医生和护士数量差异、床位数量差异等。

可见，ICP 仅在政府服务领域的比较进行了一定程度的质量调整，如何进行全面的质量调整，是 ICP 当前在服务领域面临的重大理论难题。

（三）质量调整的方法论问题

在时间维度的价格比较中，不论是单个产品或者行业的价格比较，还是 CPI 指数的构建，如何进行质量调整已经衍生了诸多方法，在实践上也积累了丰富的经验（Ioannidis and Silver，1999；Shiratsuka，1999；Ahnert and Kenny，2004；Diewert et al.，2009；Schreyer，2012）。最权威、系统性地介绍质量调整方法的研究成果是 OECD 出版的质量调整手册（Triplett，2000）。质量调整的基本方法是 Hedonic 回归模型，进行了质量调整的价格指数也称作 Hedonic 指数。Hedonic 质量调整的核心思想是在回归模型中引入反映商品质量的特征变量。

而在空间价格比较的研究中，仅有为数不多的研究成果将 Hedonic 质量调整方法引入空间价格比较中。这些研究都是主张在原始 CPD 模型中引入一些反映影响商品质量的特征变量（Heravi and Heston，2003；Aten，2006；Silver，2009）。与时间维度的质量调整相比，当前关于空间维度质量调整的应用研究屈指可数，这主要是因为空间维度上特征变量的定义与数据获取更难。在时间维度上，如要进行一国 CPI 指数质量调整，CPI 一篮子商品相对比较固定，短期内较易搜集到可比性相对较高的一篮子商品，商品质量变化主要与技术进步有关，不同时期的商品质量差异不会太大，影响商品质量变化的因素也较少，因此特征变量的定义相对较容易，不同时期一篮子商品较强的一致性也有助于特征变量的数据获取。而在空间维度的质量调整上，尤其是在国际比较中，参与比较的国家千差万别，待比较的一篮子商品在各国的质量差异更大，导致质量差异的因素更为错综复杂，这加大了对特征变量定义的难度。在这种情形下，由于各国统计能力参差不齐，加大了统计能力较差的国家的数据采集难度。因此，当前要进行空间维度的质量调整，在实践上非常困难。

此外，从技术上看，即便我们能识别出影响商品质量的所有特征变量，但一般特征变量之间容易存在交叉性或相关性，如果这些相关的特征变量都存在于 CPD 模型中，那么该模型会存在共线性问题，同样会影响参数估计的有效性问题。因此，如何尽可能考虑所有影响商品质量的关键因素，同时又避免共线性的存在也是质量调整方法所面临的技术难题。

综上讨论可知，当前关于质量调整的方法研究仅存在于 CPD 法的改进中，对于 GEKS 法，是否也可以将质量调整问题引入该方法中，目前还未有类似的研究成果。质量调整既是当前汇总方法需要解决的理论难题，也是 ICP 实践中亟待解决的现实难题。

第二节 应用层面问题探析

作为全球最大型的官方应用统计活动，ICP 历年公布的比较结果均会引起国际社会的诸多质疑。尤其是 ICP2011 公布的结果受到了来自中国国家统计局的强烈反对，中国国家统计局明确表示不认可世界银行所公布的中国数据结果，其中质疑的主要方面就是 ICP 所采用的相关方法。归结起来看，当前汇总方法在应用上主要存在以下三方面问题：一是方法估计精度尚待提高；二是难以判定方法孰优孰劣；三是 ICP 现行方法存在结构性矛盾。

一、技术方面：方法的估计精度尚待提高

就影响购买力平价数据质量而言，多边价格汇总方法的重要性不言而喻。从购买力平价的计算逻辑看，先是要根据搜集到的各国上千种商品的价格数据，计算得到 155 个基本类水平购买力平价数据。然后再结合基本类水平购买力平价数据和支出数据，进一步汇总计算更高水平的购买力平价，直至 GDP 层面的购买力平价。由于基本类水平购买力平价是基于单个商品的价格数据计算的，而实际情况是，为尽可能保证商品的代表性和可比性，我们往往得到的是一张存在大量缺失数据的价格表（或者是一张不平衡的表）。因此，在技术层面，基本类水平购买力平价的测算比基本类以上水平购买力平价的测算难度更大。如何保证基本类水平购买力平价数据的测算质量，对更高水平购买力平价估算的准确性同样意义重大。

关于 ICP2005 数据的发布问题，指数界的泰斗级人物、ICP 官方手册 2013 版的重要起草成员 Diewert（2010）说过一段意味深长的话：

一直以来，在数据披露的问题上，ICP 并未做到让人完全满意。虽然 ICP 在获得 155 个基本类水平购买力平价的过程中付诸了大量的努力工作，但最终仅公布了各国 15 个高度汇总的购买力平价数据。为何 ICP 在公布其数据结果时会如此之犹豫？这很可能是因为在低水平的价格汇总上，得到的结果可能非常不可靠。

可是，不论是 ICP2005，还是 ICP2011，基本类水平购买力平价数据相对都是高度"机密"的内容。Diewert 的这段话提醒我们，应该高度关注基本类水平购买

力平价的汇总。基本类水平购买力平价数据是计算更高水平购买力平价的基础数据，这一层面购买力平价数据的可靠性是保证更高水平购买力平价数据质量的基本前提。如果基本类水平购买力平价的测算存在较大偏差，考虑到汇总方法本身会引起测算偏差、支出数据也可能存在偏差，在计算基本类以上水平购买力平价时，在这些偏差的综合影响下，最终可能会进一步放大所计算的基本类以上水平购买力平价数据的偏差。

国际比较领域的权威学者 Hill R J 和 Hill T P（2009）也强调了基本类水平购买力平价汇总的重要性：

当前国际比较研究需要迫切关注的问题是，如何获得无偏的基本类水平价格指数。基本类价格指数构成了进行全面比较的数据基础，如果这些数据是有偏的或者不准确，则任何与这些数据有关的测算同样会存在问题。

因此，十分有必要关注当前基本类水平汇总方法的估计精度问题。然而，从方法发展的特点看，近年来，学术界更专注基本类以上水平汇总方法的研究，相比基本类水平汇总方法，基本类以上水平汇总方法要多得多。在基本类水平汇总方法的选择上，基本不存在争议，ICP 一直主张选用 CPD 法及其变形法（主要是 WCPD 法和 CPRD 法）。作为一种随机法出现的 CPD 法，随机误差项需要满足独立同分布的假设条件。然而，如前面文献综述所述，近年来，CPD 法虽取得了巨大的发展，而且在应用上积累了几十年的丰富经验，但已有研究主要侧重于 CPD 法本身的演进，以及研究 CPD 法与其他指数法的关系，以搭建起随机法与指数法之间的关系桥梁。而真正强调与思考 CPD 法随机误差项是否满足原始假设条件，进而从改进 CPD 模型估计方法的角度以提高 CPD 法的估计精度的研究甚少。

ICP 待采价的商品数量、商品类型繁多，世界银行要求各国提交各商品的年平均价格数据。众所周知，商品价格的波动情况会受经济因素以及非经济因素的影响，在复杂多变的经济环境和非经济环境中，不同商品的价格变化特征、变化规律并不相同。国家之间的消费特征以及经济环境不同，商品价格变化特征与变化规律在国家之间也难以表现一致。因此，CPD 法随机误差项的假设难以与现实情况保持一致。在技术上，如何提高 CPD 法的估计精度尚待进一步研究。

二、选择困境：难以判定方法孰优孰劣

在国际比较中，要求多边价格汇总方法满足一系列重要的指数理论性质，如基国不变性、传递性、可加性和特征性等。从一般意义上来讲，汇总方法满足的指数理论性质越多，该方法的优越性则越强。可事实是，并没有某一种汇总方法可以满足所有的指数优良性质。这就导致在实际应用中，在基本类以上水平汇总方法的选择上总是顾此失彼，选择某一种方法可能不满足某条指数性质，选择另

一种方法可能又不满足另一条指数性质。一方面是汇总方法的选择极为重要，另一方面是各方法各存优劣，但方法到底孰优孰劣，难以判定。这两点造成了基本类以上水平汇总方法的选择一直面临较大的争议。

不同的价格汇总方法，对比较的结果可能产生较大的影响，对不同国家而言，影响的程度也有可能不尽相同。正如 Deaton 和 Heston（2010）的研究发现，相对而言，价格汇总方法的选择对发展中国家的购买力平价及相对经济规模的影响较大，对发达国家的影响则较小。

表 3.2 给出了用 ICP 所用过的三种基本类以上水平价格汇总方法（GEKS 法、GK 法和 IDB 法）计算的各经济体的购买力平价。从表中展示的结果可以发现，不同国家购买力平价计算值受汇总方法选择的影响存在较大差异。价格汇总方法的选择对发达经济体的影响要显著小于发展中经济体。以中国为例，中国（不含港澳台）基于 GEKS 法所计算的 2005 年购买力平价为 3.059，GK 法计算的购买力平价最低，为 2.941，而 IDB 法计算的购买力平价则最高，为 3.290。通过简单的换算可知，采用 GK 法计算的 2005 年中国（不含港澳台）GDP 将比 GEKS 法高 4.01%，比 IDB 法高 11.87%。

表 3.2 基于不同汇总方法所计算的购买力平价

经济体	GEKS 法	GK 法	IDB 法
加拿大	1.176	1.237	1.265
德国	0.860	0.873	0.904
意大利	0.853	0.890	0.908
澳大利亚	1.319	1.401	1.413
英国	0.649	0.639	0.648
中国（不含港澳台）	3.059	2.941	3.290
印度	13.480	13.605	14.757
印度尼西亚	3606	3540	3867
巴西	1.376	1.401	1.577
俄罗斯	11.163	11.397	12.978

注：①选择的基准经济体是美国；②采用的数据是 ICP2005 所提供的 128 个基本类水平购买力平价数据和支出数据；③所计算的购买力平价是 GDP（不包含贸易差额）层面的购买力平价

数据来源：Deaton 和 Heston（2010）的相关研究

而从实际应用情况来看，在 ICP2011 之前，ICP 并未要求各区域采用统一的汇总方法，各区域可以根据各自的实际需求选择合适的汇总方法。故一直以来，

ICP 对汇总方法的选择持比较开放的态度，各区域可以根据所在区域购买力平价的使用目的来决定汇总方法的选择。例如，1990～1996 年，欧盟-OECD 区域选择用 GEKS 法作为官方的物量比较方法，GK 法作为备选方法，以供分析各国实际经济结构之用。这种选择结果更多的是根据方法满足的优良指数性质，以及对购买力平价数据的实际用途作出的。但不论是可以作为物量比较的汇总方法，还是可以作为实际经济结构分析的汇总方法，均存在诸多汇总方法可供选择。可是针对这些方法，当前还无法严格地对所有方法或者对某一类方法判定孰优孰劣，争议仍比较大。

三、结构性矛盾：ICP 现行方法导致子类加总与总量不等价

从 ICP2011 开始，ICP 首次做到了在各区域采用统一的基本类以上水平汇总方法——GEKS 法，不再采用 GK 法和 IDB 法等满足可加性的方法。ICP 官方手册 2013 版对此给出了三个理由：①作为一种多边比较方法，GEKS 法最大限度地保持了特征性，而 GK 法的特征性则较差；②GEKS 法赋予各国相同的权重，其计算结果在很大程度上避免了替代偏差的存在；③全球贫困研究是 ICP 的重点应用领域，由于 GK 法存在高估发展中国家真实经济实力的倾向，因此在应用该方法时可能会得出误导性结论，而 GEKS 法则可以较好地避免这一情况的发生（World Bank，2013）。然而，GEKS 法一个关键的缺陷是不满足可加性，总量层次的总值与其子类的加总值存在数据缺口，即不等价。即便 ICP2011 的数据适合做物量层次的比较，但却无法用作实际经济结构分析。

为举例说明 GEKS 法导致的数据缺口情况，本书整理了 ICP2011 最终报告汇报的实际个人消费支出及其子类支出数据，详见表 3.3。表中数据结果非常清晰地表明，大部分经济体均存在比较严重的数据缺口，一些经济体的各子类支出的加总值要显著高于其总量值，当然也存在前者小于后者的情形。通过对比发现，发展中经济体的数据缺口要普遍大于发达经济体。更让人瞠目结舌的是，根据世界银行公布的数据结果，2011 年中国（不含港澳台）实际个人消费支出总量与其子类加总值的数据缺口达到 8000 多亿美元，数据缺口值直接堪比一些发达国家的实际个人消费支出总量，甚至还要多（如与韩国、澳大利亚相比），印度的这一数据缺口也高达 1700 多亿美元。

ICP2011 在所有基本类以上水平的价格汇总时均采用 GEKS 法，因此，在包括居民实际个人消费支出、政府支出、GDP 等所有汇总层面上，均存在总量值与其子类加总值的不等价现象。

表 3.3　ICP2011 实际个人消费支出及其子类加总值的比较　　（单位：亿美元）

经济体	总量值	子类加总值	子类加总值−总量值
加拿大	9 459.835	9 251.336	−208.499
德国	23 288.998	22 979.502	−309.496
意大利	14 497.939	14 523.819	25.880
澳大利亚	6 165.861	6 210.272	44.411
英国	16 402.865	16 314.166	−88.699
中国（不含港澳台）	58 115.496	66 202.562	8 087.066
印度	36 754.396	35 025.297	−1 729.099
印度尼西亚	11 582.762	11 884.646	301.884
巴西	19 057.351	19 982.092	924.741
俄罗斯	21 694.379	22 355.218	660.839

数据来源：根据 ICP2011 最终报告整理所得

众所周知，各国从支出角度进行的 GDP 核算必然满足 GDP 与其四个子类（即居民消费支出、政府消费支出、资本形成总额及净出口）之和相等的条件，这符合 GDP 的基本核算原则，也是 SNA 的内在要求。GEKS 法虽然具备诸多优良性质，但基于该方法所得到的物量数据却存在非常严重的结构性矛盾。虽然从 2005 年开始，ICP 不再强调与重视可加性这一重要性质，但 ICP 当前的方法选择或许更多是出于现实无奈，目前我们只能优先选择不存在替代偏差的 GEKS 法。与 GK 法和 IDB 法等满足可加性的汇总方法相比，GEKS 法通常被认为不存在替代偏差[1]，但其致使的总量值与子类加总值的不等价这一结构性矛盾让我们有理由质疑，世界银行公布的 ICP2011 的比较结果可靠吗？GEKS 法存在较大偏差吗？如果这种偏差确实存在，那是不是还存在这样的可能，GEKS 法相比 GK 法虽能降低替代偏差，但牺牲可加性所引起的偏差或许比其降低的替代偏差还要大呢？谢长和常坤（2016）、王岩和杨仲山（2017）都从不同角度测算了 ICP2011 的数据偏差。

第三节　拟解决的关键问题

根据前面的梳理工作可知，当前多边价格汇总方法不论是在理论层面，还是

---

[1] 事实上，也有学者质疑 GEKS 法并非完全不受格申科龙效应的影响（格申科龙效应主要就是由替代偏差所致），只是认为该方法相比 GK 法可以较大程度地减弱格申科龙效应（Khamis，1998；Dikhanov，2010）。后面将对格申科龙效应进行解释。

在应用层面，都存在诸多尖锐的问题。限于个人能力，在短期内，本书对汇总方法的改进无法做到面面俱到。余下内容将根据购买力平价的测算逻辑，力图在基本类水平价格汇总方法和基本类以上水平价格汇总方法的改进上均有所建树。希望本书的研究对国际比较的方法发展与应用研究有边际贡献。

一、改进基本类水平汇总方法的估计方法

CPD 法及其变形法一直是 ICP 固定采用的基本类水平购买力平价汇总方法，当获得各国待比较商品的价格数据时，如何在这些已有数据的基础上提高 CPD 法及其变形法的估计精度则是重中之重。

已有关于 CPD 法的研究极少强调空间上的价格异方差问题，尤其是论述异方差的存在性问题。本书将深入、系统地阐述 CPD 法价格异方差的来源，包括采价的原始数据存在异方差、各国汇报的各商品国内平均价格的异方差性、价格数据数量级差异导致的异方差、商品质量差异导致的异方差。同时还将重点强调 CPD 法中空间价格异方差的复杂性与难以捕捉的特点。

基于价格异方差的论证，本书将对 CPD 法的估计方法进行改进，以提高参数估计的有效性。与异方差形式已知的 WLS 估计以及异方差形式未知的可行广义最小二乘法（feasible generalized least squares，FGLS）估计相比，本书主张引入计量经济学中基于残差加权的 WLS 估计方法来解决 CPD 法存在的异方差问题。为考察 CPD 法估计方法的改进效果，本书还将采用 ICP2011 居民实际个人消费支出的购买力平价数据和支出数据，对 CPD 法（还包括适用于基本类以上水平价格汇总的 WCPD 法）分别采用 OLS、FGLS 和 WLS 进行估计，通过对不同估计方法下的最终结果进行比较，以验证本书提出的估计方法在提高参数估计的有效性上是否最优。

二、比较一类满足可加性的汇总方法的优劣

在国际经济比较中，各国实际经济结构、实际消费结构的比较，以及从可比的投入产出表研究各国的实际生产率、能源效应和技术效率都是十分重要的问题，类似上述要求总量指标与子类指标的加总必须相等的特殊问题，用于计算各层面购买力平价的汇总方法必须满足可加性这一重要指数理论性质。然而，面对众多满足可加性的汇总方法，到底哪种汇总方法更优？这有待进一步研究。此外，ICP 现行方法不满足可加性，从方法发展的角度看，要使得方法具备更多优良理论性质，十分有必要研究满足可加性的汇总方法。

满足可加性的汇总方法存在的一个共同问题是受替代效应的影响，GK 法存在替代偏差是 ICP 选择用 GEKS 法的重要原因。但在实际应用中必须使用满足可加性的汇总方法时，到底何种汇总方法在替代偏差的表现上较弱呢？因此，本书将从替代偏差的角度，首次全面地对一类满足可加性的方法进行优劣比较。本节将重点回答几个问题：①哪种满足可加性的汇总方法的替代偏差相对较小？以期为应用者在方法选择上提供参考；②提高方法的特征性是否可以降低替代偏差？以期为方法的改进指明方向；③从替代偏差的角度，在对欧盟-OECD 经济体与非欧盟-OECD 经济体的影响上，方法之间是否存在显著差异？以考察满足可加性的汇总方法是否更适合经济结构更相近的国家间的比较。

总之，本书从替代偏差的视角比较一类满足可加性的汇总方法，一方面是为了对各方法进行优劣比较，为这类方法的应用提供选择依据，另一方面是通过替代偏差的比较以证实可加性与特征性是可以协调的，从而为对基本类以上水平汇总方法的改进服务。

三、改进基本类以上水平汇总方法

如前所述，ICP 所采用过的多边比较方法无法同时保持特征性和可加性这两条重要的指数理论性质。ICP 现行的 GEKS 法具备特征性，且能降低替代偏差，但不满足可加性，因此各汇总支出的总物量值与其子类物量值的加总值之间存在较为严重的数据缺口。GK 法满足可加性，却又存在替代偏差，不适合实际经济总量的比较。那么是否存在这样的可能，在保留可加性的同时，尽可能地提高多边比较方法的特征性？从而使得价格汇总方法具备更多的理论性质。

在深入论述替代偏差与提高特征性之间存在内在一致性，结合一类满足可加性的汇总方法替代偏差的测算结论，也验证了提高特征性与降低替代偏差存在相关性。本书将分析已有的两种满足可加性又最大化特征性的汇总方法（MPCP 法和 SS 法）的不足，进一步提出一种新的购买力平价汇总方法——MBC 法。MBC 法将从特征性的定义出发，借鉴 GEKS 法通过逼近 Fisher 指数以满足特征性的方式，最终基于采用一个非线性最优化过程逼近 Fisher 指数的视角，实现最大化特征性。MBC 法结合了 GK 法的可加性和 GEKS 法的特征性。

本书还将比较 MBC 法与已有的八种满足可加性的汇总方法的替代偏差，以证明本书所构建的汇总方法在降低替代偏差的表现上相对较优。MBC 法保留了 GEKS 法和 GK 法的各自优势，因此可以改变由于购买力平价使用目的不同而需要选择不同的汇总方法的现状。

本书将进一步讨论 MBC 法存在改进的可能，放松了 MBC 法假定所有双边比较可靠性相同的假设，特提出 MBC 法的一般化形式——含权重的 MBC 法。并基于 LP 距离、价格结构（非）相似性指数和数量结构（非）相似性指数等可以反映双边比较可靠性的指标，构建了七种权重函数供实际应用者参考，实例模拟验证了考虑双边可靠性的必要性与可行性。

第四章 基本类水平汇总方法的改进：CPD 法异方差问题及处理

自 1968 年 UNSC 组织成立全球 ICP 以来，ICP 提供的各国购买力平价数据已成为进行各国实际 GDP 和实际支出比较中的多边价格指数。ICP 近 50 年的发展，已衍生出众多多边价格汇总方法。其中，由 Summers（1973）提出的 CPD 法是历年轮 ICP 常用于填充缺失价格数据和汇总计算基本类水平购买力平价的重要方法。购买力平价估计的精确程度直接影响各国经济实力比较的结果，以及全球不平等与贫困水平的测算等全球性问题。基本类水平购买力平价是作为测算基本类以上水平购买力平价的重要基础数据，因此，如何提高基本类水平价格汇总方法的可靠性至关重要。本章研究说明了 CPD 方法在当前应用中的不足，并在该方法的基础上进一步提出了一种更为有效的参数估计方法。

与以往研究相比，本章研究主要有以下三点不同：①理论方面，系统地剖析了 CPD 模型存在的价格异方差问题。异方差的存在将导致参数估计不是有效的，这是已有有关 CPD 法研究文献所忽视的；②模型方面，引入计量经济学中基于残差为权重的 WLS 估计以消除异方差的方法，并将该方法用于 CPD 模型的参数估计中；③经验研究方面，以 2011 年 ICP 居民实际消费支出中各大类商品的价格数据和支出数据为例，测算了用 CPD 法计算的各国购买力平价的标准误，并实证检验了 WLS 估计方法对各国购买力平价可靠性的提高程度，对比分析了价格异方差的存在对欧盟-OECD 经济体和非欧盟-OECD 经济体购买力平价估计的影响差异。

第一节 CPD 法发展的技术脉络

在国际经济比较中，购买力平价的汇总计算需要采用各国上千种商品的价格数据，具体包括两个水平层次购买力平价的计算：基本类水平和基本类以上水平。155 个基本类水平购买力平价通过各类价格数据汇总计算；然后用基本类水平购买力平价，结合各类支出数据汇总计算更高水平的购买力平价，最高水平是 GDP 层面。基本类水平汇总方法有 CPD 法和 GEKS 法。基本类以上水平汇总方法众多，较为流行的有 GK 法、IDB 法、CPD 法以及 GEKS 法。

在历年轮 ICP 所用过的汇总方法中，CPD 法和 GEKS 法是仅有的两种可用于任何水平汇总的方法。在基本类水平价格汇总时，GEKS 法是基于双边价格指数（Fisher 指数）的几何平均。在计算 Fisher 指数时，当某一商品在一国存在价格缺失时，Fisher 指数无法考虑该商品对双边价格比较的影响，因此 GEKS 法会损失一部分商品的价格数据。而 CPD 法的提出正克服了 GEKS 法的这一缺陷。CPD 法是一种随机方法，不仅可以充分利用所有价格数据，还能用于推算存在价格缺失的商品的价格。鉴于 CPD 法的上述理论优势，CPD 法自提出以来，一直是 ICP 所用的方法，也是诸多应用研究所偏爱的汇总方法。

近年来，诸多有关 CPD 法的研究也主张将 CPD 法应用于基本类以上水平购买力平价的计算中。如 Rao（2001，2004）和 Diewert（2004，2005）详细阐述了 CPD 法用于基本类水平和基本类以上水平价格汇总时的优良理论性质；Sergeev（2009b）和 Diewert（2010）则指出 CPD 法也可用于进行区域购买力平价到全球购买力平价的链接。此外，一些研究发现 CPD 法具备灵活性强的特点，在随机指数框架内，基于 CPD 法可以推导得到一些双边指数和多边指数。如 Walsh 指数和 Tornqvist 价格指数等众多熟知的双边价格指数可以通过 CPD 法的变形推导得出（Diewert，2005）；基于 CPD 法可以推导出 IDB 法、Rao system 和 GK 法等多边价格指数方法的随机指数形式（Diewert，2005；Hajargasht and Rao，2010；Rao，2005；Rao and Hajargasht，2016）。这些研究进一步验证了 CPD 法的优良性质与应用价值。

可见，当前关于 CPD 法的研究主要关注其理论性质。作为随机法出现的 CPD 法，其一大优点是可以直接计算参数估计的标准误以衡量估计的可靠性。然而，上述研究文献极少关注 CPD 模型随机误差项独立同分布的假设条件，仅有 Rao（2001，2004）强调了空间价格自相关问题，并提出了改进的估计方法。但已有研究未强调与重视在空间上的价格异方差性，异方差的存在将会直接导致无法得到有效的参数估计结果。进一步地，具有偏误的基本类水平购买力平价估算将影响基本类以上水平购买力平价数据质量，进而直接影响国际经济、福利、生产率、贫困、不平等等一系列的区域及全球性的国际比较结果。鉴于此，本章研究首先从理论层面深入阐述现行 CPD 法存在价格异方差问题，并强调这种异方差的复杂性和不易捕捉的特点，然后尝试引入消除异方差的 WLS 估计方法，最终通过 ICP 2011 实例说明改进后的 CPD 法在提高各国购买力平价估计可靠性上的有效性。

第二节　CPD 法的计算逻辑

不同于一般的计量经济回归模型，CPD 法回归模型中的解释变量众多，且全是虚拟变量,这导致在模型估计的操作环节十分烦琐。国际比较的一个应用难点就包括方法的使用和估计问题,因此有必要给实践者提供关于方法估计的操作指导。另外,在更为一般化的 CPD 模型中,WCPD 法的参数估计标准误公式与常用的计量软件所默认的计算公式并不相同,鉴于此,也十分有必要阐述 CPD 法的计算逻辑,避免实践者在方法应用时误用计量软件中的技术。

一、基本 CPD 模型的估计及标准误

(一)模型构建

Summers(1973)提出的 CPD 模型假定商品的观测价格(用 p_{ij} 定义第 j 个国家第 i 个商品的价格观测)等于三项的乘积:一国的购买力平价(定义为 PPP_j);第 i 个商品的国际平均价格(定义为 P_i);随机扰动项 v_{ij}。对模型采用对数变换:

$$\ln p_{ij} = \ln PPP_j + \ln P_i + \ln v_{ij} = \pi_j + \eta_i + u_{ij} \tag{4.1}$$

式中,$\pi_j = \ln PPP_j$,$\eta_i = \ln P_i$,$u_{ij} = \ln v_{ij} \overset{iid}{\sim} N(0, \sigma^2)$。引入国家虚拟变量 D_j ($j = 1, 2, \cdots, M$) 和商品虚拟变量 D_i^* ($i = 1, 2, \cdots, N$),式(4.1)可以重新写成:

$$\ln p_{ij} = \pi_1 D_1 + \pi_2 D_2 + \cdots + \pi_M D_M + \eta_1 D_1^* + \eta_2 D_2^* + \cdots + \eta_N D_N^* + u_{ij} \tag{4.2}$$

为便于实际应用者基于 Excel 中的矩阵运算来估计 CPD 模型的各个参数及其标准误,需要将 CPD 模型写成矩阵表达式。令 $y_{ij} = \ln p_{ij}$,$x_{ij} = (D_1, D_2, \cdots, D_j, \cdots, D_M, D_1^*, D_2^*, \cdots, D_i^*, \cdots, D_N^*)$,$\beta = (\pi_1, \pi_2, \cdots, \pi_M, \eta_1, \eta_2, \cdots, \eta_N)'$,可进一步将式(4.2)写成以下矩阵形式:

$$y = X\beta + u \tag{4.3}$$

(二)购买力平价的估计及其标准误公式

由于矩阵 X 各列之和是一个单位列向量,可知 X 的秩为 $(M+N-1)$,因此参数向量 β 是不可识别的。在此,如果限定 $\pi_1 = 0$,即选定第一个国家的货币作为基准货币,这等价于该国 PPP 等于 1,则可以得到唯一的参数估计结果。在上述约束条件下,这相当于去掉矩阵 X 的第一列(用 X^* 表示)和系数向量 β 的第一个元素(新的系数向量用 β^* 表示),含约束的模型表达式如下:

$$y = X^*\beta^* + u \tag{4.4}$$

在随机误差项服从独立同正态分布的假定下，对式（4.4）采用 OLS 估计，则可以得到 β^* 的最优线性无偏估计结果及其方差协方差矩阵：

$$\hat{\beta}^* = (X^{*'}X^*)'X^{*'}y, \quad \text{Var-Cov}(\hat{\beta}^*) = \sigma^2(X^{*'}X^*)^{-1} \qquad (4.5)$$

当随机扰动项方差未知时，σ^2 的无偏估计为

$$\hat{\sigma}^2 = \frac{\sum_{j=1}^{M}\sum_{i=1}^{N}e_{ij}^2}{MN-(M+N-1)} \qquad (4.6)$$

式中，e_{ij}^2 为回归方程得出的残差平方。在此需要强调的是，当存在缺失价格数据，即原始的价格数据表是非平衡的时，式（4.6）的分母则等于总样本量减去待估参数个数再加 1。然后将式（4.6）代入式（4.5），方差协方差矩阵主对角线上的元素则为回归系数估计量的方差估计结果。在此给出与购买力平价相关的回归系数估计量的方差估计公式：

$$\hat{\text{Var}}(\hat{\pi}_j) = \frac{2}{N}\hat{\sigma}_2 \qquad (4.7)$$

最后，再经过指数变换，就可以得到各国购买力平价的估计公式及其标准误估计公式：

$$\hat{\text{PPP}}_j = \exp(\hat{\pi}_j), \quad \sqrt{\hat{\text{Var}}(\hat{\text{PPP}}_j)} = \sqrt{\hat{\text{Var}}(\hat{\pi}_j) \cdot (\hat{\pi}_j)^2} \qquad (4.8)$$

二、一般化 CPD 模型的估计及标准误

虽然基本 CPD 模型同 GK 法能提供类似的购买力平价和国际平均价格，但该方法不像 GK 法可以利用支出数据，这导致 CPD 法一直未用于基本类以上水平购买力平价的汇总。近年来，一些学者基于标准的价格指数构建理论，逐步将 CPD 法发展成更为一般化的加权 CPD（WCPD）法。

考虑权重的必要性主要是基于以下几方面原因：一是价格数据的搜集往往采用抽样调查的方式，而调查设计本身就反映了一定的权重模式以及调查中可能会存在的非响应误差（Rao，2005）；二是在基本类水平的价格比较时，一国消费的代表性商品并非另一国消费的代表性商品，因此在进行价格比较时，需要考虑商品的代表性问题。这亦是遵循标准的价格指数构建原则，拟合的模型必须更能捕捉到重要商品的价格趋势（Rao，2001，2004，2005）；三是在进行基本类以上水平价格汇总时，可以利用支出份额数据以反映不同基本类商品在一国消费支出中的重要性差异；四是权重的使用或许可以解释模型随机误差项的分布结构。

（一）WCPD 模型及其估计

WCPD 模型给予 j 国第 i 个商品的价格观测一个特定的权重 $w_{ij} > 0$，以反映该商品在该国消费支出中的重要性。该商品在该国消费支出中的重要性越高，赋予该商品的价格观测的权重越高，反之赋予的权重越低。采用权重之后，WCPD 法是对式（4.3）的 WLS 估计或是求解如下加权残差平方和最小化时的解：

$$\text{Min} \sum_{j=1}^{M}\sum_{i=1}^{N} w_{ij}[y_{ij} - \pi_j - \eta_i]^2, \quad \pi_1 = 0 \text{ 或 } [y - X^*\beta^*]'W[y - X^*\beta^*] \quad (4.9)$$

式中，W 为权重矩阵；主对角线上的元素为 w_{ij}；其他位置上的元素为 0。参数估计公式及其方差协方差矩阵的估计如下：

$$\hat{\beta}^* = (X^{*'}WX^*)^{-1}X^{*'}Wy,$$
$$\hat{V}\text{ar-Cov}(\hat{\beta}^*) = \hat{\sigma}^2(X^{*'}WX^*)^{-1}X^{*'}WWX^*(X^{*'}WX^*)^{-1} \quad (4.10)$$

在此需要特别注意的是，标准的计量软件（如 Eviews、Stata）默认 WLS 估计下的方差协方差矩阵的估计公式为

$$\hat{V}\text{ar-Cov}(\hat{\beta}^*) = \hat{\sigma}^2(X^{*'}WX^*)^{-1} \quad (4.11)$$

这是因为 WCPD 模型对不同商品的价格观测采用不同权重是出于考虑商品的重要性差异，而不是对随机误差项存在异方差的考虑，即假定 u_{ij} 在 WCPD 模型下的分布仍同 CPD 模型下的分布。与此不同的是，常用的计量软件则是考虑随机误差项存在异方差的情形。

（二）权重的选择

能否得到 β 的有效估计量，取决于所选取的权重矩阵 W 的合理性（Rao，2004）。

从已有文献看，主要存在两类权重的选择：基本类以下权重和基本类以上权重。

1. 基本类以下权重的选择：基于商品是否具有代表性

在国际价格比较中，所挑选的一篮子商品必须尽可能地满足可比性的要求。然而，即使这些商品在一国均存在价格数据，但却并非都是该国大众所消费的代表性商品。OECD 和欧盟在构建本区域的多边价格指数时，就较早地对商品的代表性和非代表性进行了区分。

基本类以下商品无支出数据，ICP 一般的做法是根据各国统计专家的经验和调查了解，来判断指定参与多边价格比较的一篮子商品是否为一国的代表性消费品。在 2011 年 ICP 基本类水平的价格汇总时，欧盟-OECD 和独联体国家采用的是 GEKS 法，根据代表性与否赋予 1 和 0 的权重，其他区域均采用 WCPD 法，权重是 3∶1 的形式（World Bank，2014）。然而，世界银行公布的 ICP 官方手册 2013 版，以及 2011 年 ICP 的最终数据报告均未解释为何以 3∶1 的比例为权重。显然，这种方法较为主观。

2. 基本类以上权重的选择：支出份额权重

在基本类以上水平的价格汇总中，可以充分利用 155 个基本类的物量和支出数据。具体是用每一基本类支出占总支出的比重为权重（$w_{ij} = p_{ij}q_{ij} \Big/ \sum_{i=1}^{N} p_{ij}q_{ij}$，$q_{ij}$ 表示 j 国第 i 个基本类的消费数量）来区分各基本类在总支出中的重要性差异或结构差异。此时的 WCPD 法等价于 Rao（1990）提出的一种变形的 GK 法——Rao system。

第三节　价格异方差问题与 CPD 法的改进

价格异方差的存在将导致 OLS 估计下的参数估计结果不是有效的。本节将深入阐述在空间价格比较中容易存在价格异方差，强调这种异方差的复杂性与难以捕捉的特点，据此将引入合适的估计方法对 CPD 法进行改进。

一、价格异方差的理论阐释

在双边或多边价格指数的随机化方法中，通常假定随机误差项方差与商品的支出份额存在反比例关系（Clemments and Izan，1981；Selvanathan，1989；Rao and Selvanathan，1996）。CPD 法也是一种随机化方法，虽然 WCPD 法考虑了商品的重要性差异，但二者均假定随机误差项是同方差的，可事实如此吗？以下内容将重点论证和阐述空间维度上价格异方差的诸多原因，这也是本书重要的理论贡献。

（一）采价的原始数据存在异方差

在 ICP 中，需要采价的商品数量众多，而且实际情况是各国需要对每一商品进行多次采价，然后计算各商品的国内平均价格，最后各国将各商品的国内平均价格数据汇报给该国所在区域的 ICP 分支机构。在 ICP 2011 中，计算各商品的国内平均价格是采取简单算术平均的形式（Hill and Syed，2015）。为便于分析，假定 j 国关于第 i 个商品的采价次数为 k_{ij} 次、p_{ijk} 代表第 k 次搜集到的价格，为保持变量命名与前面相一致，令平均价格：

$$y_{ij} = \ln p_{ij} = \frac{1}{k_{ij}} \sum_{k=1}^{K_{ij}} \ln p_{ijk} \quad (4.12)$$

再假定 $\ln p_{ijk}(k = 1, 2, \cdots, K_{ij})$ 是独立同分布的，则平均价格方差等于：

$$\mathrm{Var}(y_{ij}) = \frac{1}{k_{ij}^2} \sum_{k=1}^{K_{ij}} \mathrm{Var}(\ln p_{ijk}) \quad (4.13)$$

第一个层面的价格异方差分析如下：①城乡价格差异大。各国最终汇报的各商品价格是该商品的国内平均价格，故实际调查时需要在农村和城镇对每一商品进行价格采集。一般来说，农村的商品价格不仅相对较低，且波动性也相对较小，如农村的 CPI 一般要低于城镇的 CPI。尤其是对于那些贫富差距非常大的发展中国家而言，城乡之间的价格差异更大、波动性差异也更大。这种异方差的结果是 $\mathrm{Var}(\ln p_{ijk})$ 不是一个常数。②价格的季节性差异与价格突变。要求得到同一商品在某一年的国内平均价格，还需要考虑到在一年中的不同时间点采价。这就存在季节性商品和非季节性商品的价格波动差异较大的情况，因此，$\mathrm{Var}(\ln p_{ijk})$ 也不是一个常数。此外，商品价格容易突变，如一些食品消费支出类的农产品价格和肉类价格易受自然环境的影响，与能源相关的某些行业的产出价格易受能源价格波动的影响。

（二）各国汇报的各商品国内平均价格存在异方差

本书所说的 CPD 模型中随机误差项存在异方差的实质是平均价格数据存在异方差，即 $\mathrm{Var}(y_{ij})$ 不是一个常数。这表现为同一国家的不同商品价格存在异方差（组内异方差）和同一商品在国家间存在价格异方差（组间异方差）。理论上，第一个层面的价格异方差并不一定会导致商品的平均价格也存在异方差，但必须要求每一国家 $\sum_{k=1}^{K_{ij}} \mathrm{Var}(\ln p_{ijk})$ 与 k_{ij} 的比值相等。参与国际多边价格比较的国家和商品众多，这一条件几乎不可能满足。

实际情况的价格异方差非常复杂。在经济计量分析中，截面数据几乎都存在异方差，一个重要的原因是截面个体间一些结构性因素的影响。价格异方差的复杂性主要表现在上千种商品的价格多样性（不同商品价格的波动特征既不相同，也难以捕捉）和国家之间消费结构、经济结构差异，甚至国家制度层面的差异等诸多因素的影响。另外，在操作层面上，实际的采价方式在国家间的可能差异、各国统计水平的差异都会导致价格数据测量误差的不同，而测量误差也是引起异方差的一个重要原因。上述这些因素的交叉存在，难以保证各国汇报的各商品平均价格既不存在组内异方差，也不存在组间异方差。

ICP 并未对各商品的采价次数作出明确指示，只要求各国能够提供本国所有商品的国内平均价格数据。如 Rao（2004）所指，即便 $\ln p_{ijk}$ 服从独立同分布且同方差 σ^2，由于实际调查中各国在各商品间的采价次数 k_{ij} 不同，商品价格的方差与采价次数成反比（$\mathrm{Var}(y_{ij}) = \sigma^2 / k_{ij}$）。但是这种情形只适合于不存在其他导致价格异方差存在的因素，即价格异方差仅与采价次数有关。

（三）价格数据数量级差异导致的异方差

众所周知，数量级会对方差的大小产生显著影响，如 1∶10 的数列中每一个数均放大 10 倍时，新数列的方差则是原始数列的 100 倍。在多边价格指数的随机化方法中，价格异方差同样会受数据数量级差异的影响：①一国商品间的价格差异本来就大，耐用消费品价格一般要显著高于非耐用性消费品价格、固定资产价格一般要显著高于消费品价格。②国家间商品价格的数量级差异一方面体现在国家间价格水平上的差异，另一方面体现在各国货币单位上，如同一商品，从数量级比较，在韩国的价格可能是在中国的几十倍，甚至上百倍。因此，当一国发生通货膨胀或通货紧缩时，与价格数量级低的商品相比，价格数量级较高的商品的价格方差更大。即便 CPD 是一个对数模型，但是对数处理也仅仅是减弱了异方差的程度，无法完全消除。

（四）商品质量差异导致的异方差

理论上，要求参与国际多边价格比较的商品在所有国家中必须是同质量的，这是 ICP 对商品可比性的要求。可实际上，各国商品质量迥异，我们很难找到完全同质的商品。而在当前多边价格比较中，并未充分考虑商品质量差异对价格比较的影响。这表现在 CPD 模型中，就是该模型将影响商品价格水平的商品质量因素归入随机误差项中，导致随机误差项方差会因商品质量差异而不同。这实则就是计量经济学中由于遗漏重要解释变量导致的异方差情形。

综上所述，在 CPD 模型中，可以从多方面解释回归模型中的因变量 $\ln p_{ij}$ 必然存在异方差，这是以往研究所忽视的一点。在应用 CPD 法时，价格异方差的存在将降低多边价格比较的可靠性与可信度，因此有必要改进 CPD 模型的估计方法。

二、引入基于残差加权的 WLS 估计方法

面对异方差情形，一般根据异方差结构是否已知，分为方差已知时的 WLS 估计方法和方差未知时的 FGLS 估计方法。本书尝试引入基于残差加权的 WLS 估计方法对 CPD 法进行改进，原因如下。

（1）CPD 法中价格异方差来源复杂、不易观测，FGLS 估计方法难以准确地模拟异方差函数。

当异方差结构未知时，FGLS 估计法需要模拟或者估计异方差函数，异方差函数模拟的准确性将直接影响该方法的实际效果。FGLS 估计方法假定残差项方差是所有解释变量或是因变量拟合值一次项和二次项的一个函数，即残差项方差是与解释变量相关的。从本书分析 CPD 法价格异方差的来源可知，CPD 法中价格异方差的结构与表现形式复杂、不易观测，尤其是对各商品进行采价的过程中产生的测量误差和商品质量差异导致的异方差不便观测。在 ICP 中，消除商品质量差异对多边价格比较的影响一直是一个悬而未决的难题，就 CPD 法而言，主要原因在于我们难以加入合理的解释变量来很好地代表商品质量。上述不可观测因素被归入随机误差项中，也就是说这种异方差形式很难通过 CPD 法中的解释变量的某一函数准确地反映。因此，采用 FGLS 估计方法将得到有偏误的异方差函数，也就无法理想地消除异方差。

（2）从 CPD 法异方差的具体实际看，基于残差加权的 WLS 估计更为合理。

在随机误差项方差已知，假定随机扰动项的异方差形式为 $\mathrm{Var}(u_{ij}) = \sigma^2 / w_{ij}^*$，可以构造如下权重矩阵 W^*：

$$W^* = \begin{pmatrix} \sqrt{w_{11}^*} & \cdots & 0 & \cdots & 0 & \cdots & 0 \\ \vdots & \ddots & 0 & \cdots & 0 & \cdots & \vdots \\ 0 & \cdots & \sqrt{w_{N1}^*} & \cdots & 0 & \cdots & 0 \\ \vdots & \cdots & 0 & \ddots & 0 & \cdots & \vdots \\ 0 & \cdots & 0 & \cdots & \sqrt{w_{1M}^*} & \cdots & 0 \\ \vdots & \cdots & 0 & \cdots & 0 & \ddots & \vdots \\ 0 & \cdots & 0 & \cdots & 0 & \cdots & \sqrt{w_{NM}^*} \end{pmatrix} \quad (4.14)$$

在实际问题中，如果我们能识别出异方差的具体形式，即确定权重矩阵主对

角线上各元素的值,就可以对 CPD 模型或 WCPD 模型采用 WLS 估计得到更为有效的参数估计结果。如前所述,CPD 模型中的价格异方差问题是客观存在的,但这种异方差结构错综复杂,难以捕捉到异方差的结构特征。也就是说,难以识别 CPD 法中价格异方差的具体形式是否与某一解释变量直接相关,因此不能采用方差已知时的 WLS 估计。而以残差项的估计值代替随机误差项,这样 CPD 法随机误差项中的异方差则体现在残差项估计值中,当以残差项为权重时,随机误差项的方差近似逼近同为 1 的形式。相比 FGLS 估计,这就是 WLS 估计在消除 CPD 法中由不可观测因素引起的异方差问题上更为合理。

综上所述,空间价格异方差十分复杂,其结构难以捕捉,这使得 WLS 估计方法和 FGLS 估计方法可能都不是特别有效的方法。异方差函数的不恰当估计,反而会降低参数估计的有效性,一种可行的替代方法是用基于 OLS 估计下的残差拟合值作为权重。具体步骤是先通过 OLS 估计 CPD 或 WCPD 回归模型,得到模型的残差项估计 $\hat{u}_{ij}$,然后以 $\sqrt{w_{ij}^*}=1/|\hat{u}_{ij}|$ 为权重对原始模型再采用 WLS 估计[①],这样新的随机误差项方差近似同为 1。面对异方差问题,在无法获知异方差的具体形式时,上述方法是实际应用中经常采用的方法。本书拟将该方法引入 CPD 法的参数估计当中,并以一个实际例子综合比较基于残差加权的 WLS 估计和 OLS 估计下的各国购买力平价的变化情况及其标准误大小。

第四节 实例分析

本节采用 2011 年 ICP 公布的各国居民实际消费支出中各大类商品的价格数据和支出数据,实证检验发现 WLS 估计方法显著提高各国购买力平价数据的可靠性水平,同时还进一步发现了几点颇有意义的结论。需要注意的是,虽然本章的主题是改进基本类水平汇总方法,但由于在应用中同样可以采用 WCPD 法进行基本类以上水平的价格汇总,因此下面同样考虑了 WCPD 法的异方差情况。

一、样本选取与数据来源

世界银行公布的 2011 年 ICP 数据是较为汇总的数据。鉴于无法获得基本类以下水平的价格数据和 155 个基本类水平购买力平价及其支出数据,为尽可能增加多边价格比较中的商品数,本章选取了居民实际消费支出中各大类商品的价格数

---

① 为考虑商品重要性的 WCPD 法的 WLS 估计本质上是对各价格观测赋予权重之后的 OLS 估计,为进行区分,本书称此估计方法为 OLS 估计,基于残差加权的估计方法称为 WLS 估计。

据和支出数据。由于国外净购买(net purchases abroad)存在负值的情形,为方便处理计算,最终选定居民实际消费支出中 12 个商品大类:食品与非酒类饮料,酒类饮料、烟草以及麻醉品,服装和鞋类,住房、水、电、煤气及其他燃料,家具、家用设备及其维护,医疗,交通,通信,娱乐与文化,教育,餐旅,杂项商品与服务。本章选取参与多边价格比较的包括非洲、亚太、欧盟-OECD、拉丁美洲以及西亚共 148 个国家和地区[①],以美国为基准国。

二、异方差检验结果

本书对异方差的检验分两步进行:残差图检验和怀特(White)检验。

首先通过残差图来定性地判断异方差是否存在,见图 4.1 和图 4.2。由图可知,残差并非随着被解释变量预测值的变化呈明显规则的变化,但也并非均匀地落在 0 的两侧,表现出一定的不平稳性,可能存在异方差。这与前面的理论分析是一致的,引起价格异方差的原因错综复杂,导致异方差的形式无规律性,我们难以从图形上非常清晰地得出是递增型还是递减型的异方差,毕竟残差图检验只能识别出线性型的异方差结构。

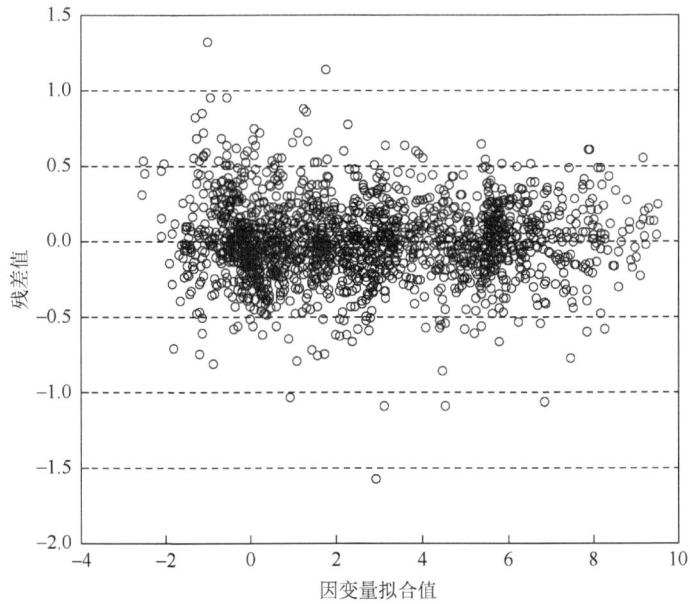

图 4.1 CPD 法异方差检验残差图

---

① 2011 年 ICP 中,非洲、亚太、欧盟-OECD、拉丁美洲以及西亚直接通过 GEKS 法进行全球链接,而独联体国家和加勒比海地区的国家是在这 148 个国家和地区进行全球链接后,再通过桥梁国进行全球链接。

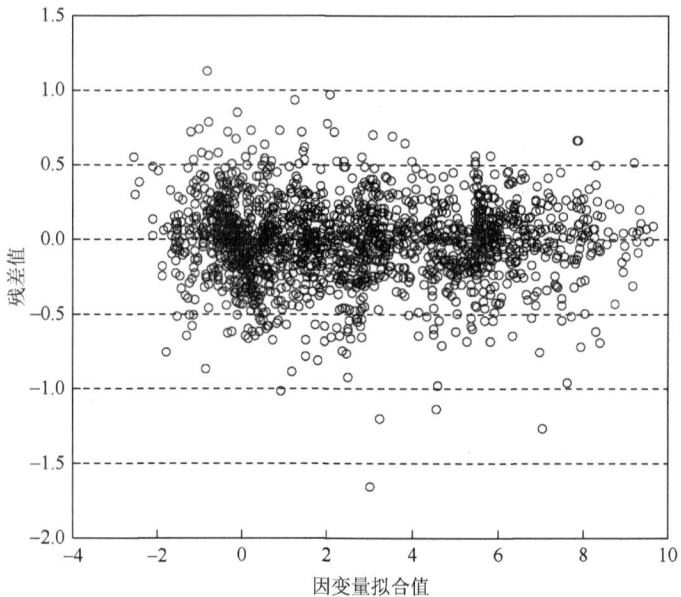

图 4.2　WCPD 法异方差检验残差图

然后本书用怀特检验来进一步判定异方差是否存在。怀特检验的结果显示，CPD 法和 WCPD 法 OLS 估计下的残差项异方差检验的 LM 统计量值分别为 7.4 和 1.1，在给定显著性水平为 0.05 和 0.1 时，卡方统计量的临界值分别为 6.0 和 4.6，怀特检验显示 CPD 法的残差项存在异方差，而 WCPD 法的残差项则不存在异方差。

众所周知，检验异方差的方法众多，各方法都是为了能够识别出异方差可能存在的具体形式：一种方法显示残差项不存在异方差（或许异方差形式不是该方法所决定的形式），并非其他方法亦是如此。此外，即便不同方法均显示异方差存在，也难以确定何种检验方法识别出的异方差形式就是最合适的。最为重要的是，从价格异方差的来源看，由搜集价格过程中产生的测量误差和商品质量因素引起的异方差与 CPD 法中的解释变量不相关，我们难以用其他方法（如 Gleiser 检验、Park 检验、Breusch-Pagan 检验）对 WCPD 法中由上述不可观测因素导致的异方差加以识别。这也是本书采用基于残差项为权重的 WLS 进行估计的重要原因，因为该方法具有以下优点：当不存在异方差时，OLS 估计等价于 WLS 估计；若确实存在异方差，则被有效地消除了（李子奈和潘文卿，2005）。

因此，下面的实例分析仍然要比较 OLS 估计和 WLS 估计下的 WCPD 法的结果的差异。

三、OLS 估计、WLS 估计与 FGLS 估计下的比较分析

本节将检验 OLS 估计和 WLS 估计下的可靠性情况，同时还将对比分析异方差的存在对以发达经济体为主的欧盟-OECD 地区和以发展中经济体为主的非欧盟-OECD 地区是否存在显著差异。

（一）FGLS 估计与 WLS 估计的有效性比较

针对 CPD 法的价格异方差问题，尽管理论上说 WLS 估计要比 FGLS 估计更为合理，但本书又进一步采用 FGLS 方法对 CPD 模型进行了估计，并同 WLS 估计下的结果进行了比较，以进一步验证 WLS 估计方法的合理性。

首先，从残差项的怀特检验结果看，当使用 WLS 估计时，CPD 法和 WCPD 法残差项异方差检验的 LM 统计量值分别为 1.0 和 0.9，小于前面给定的卡方统计量的临界值，怀特检验显示异方差已经消除。而在 FGLS 估计下，相应的 LM 统计量值分别为 9.4 和 9.0，并未通过怀特检验。异方差的检验结果进一步支持了 WLS 估计方法的合理性。

其次，进一步比较 WLS 估计和 FGLS 估计下的标准误大小。本书分别计算了 CPD 法和 WCPD 法在两种估计下的相对标准误大小，相对标准误等于 FGLS 估计下的各国购买力平价的标准误与 WLS 估计下的标准误之比。比较结果如图 4.3 所示。

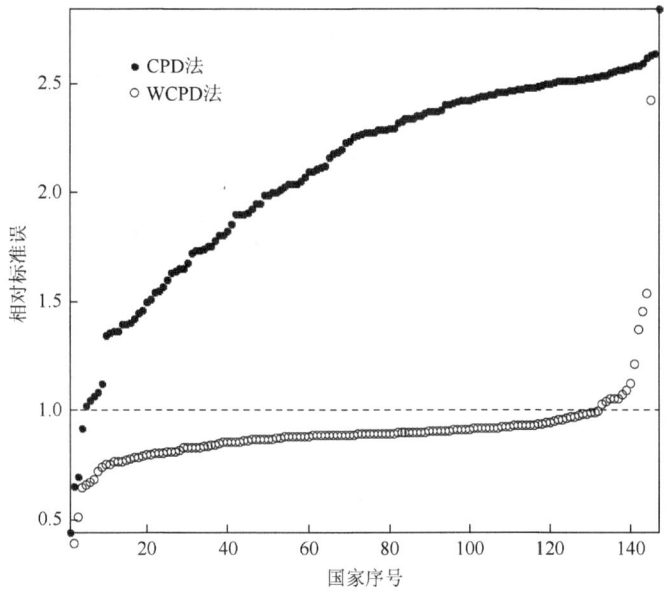

图 4.3　FGLS 估计与 WLS 估计下的相对标准误比较

如图 4.3 所示，从 CPD 法看，除了四个国家，WLS 估计法在有效性方面均要显著高于 FGLS 估计法，这验证了前面的理论分析结果，恰恰是 FGLS 无法识别 CPD 法中由不可观测因素引起的异方差，导致该方法消除异方差的效果要弱于 WLS。从 WCPD 法看，整体上 FGLS 要优于 WLS，但一方面其实 FGLS 和 WLS 的差异并不大（不管是从实际标准误大小看，还是从比值看，大部分值非常接近于 1，具体数值比较可见附录）；另一方面，有超过十分之一的国家在 WLS 下要优于 FGLS（而且有几个点表明 WLS 要显著优于 FGLS，其中有两个点显示相对标准误分别高达 6 倍多和 53 倍多，图 4.3 无法识别该点，可见附录中的具体数值）。这一矛盾的结果很可能就是因为 FGLS 估计无法完全准确地估计异方差函数，导致即使一部分样本点估计要优于 WLS 估计，但无法保证全部点上都要优于 WLS 估计。结合前面异方差的检验结果，FGLS 并未消除异方差，故整体来看，可以判定 WLS 估计法要优于 FGLS 估计法。

（二）OLS 估计与 WLS 估计下的可靠性比较

接下来详细讨论 OLS 估计和 WLS 估计下的可靠性比较结果，两种估计方法下的标准误统计结果如表 4.1 所示。结果显示，在 WLS 估计下，所有国家购买力平价的标准误均显著下降，这一结论证明异方差是存在的。从 CPD 法的统计结果看，在 WLS 估计下，各国购买力平价标准误的下降幅度从最低值 70.2%到最高值 95.4%变化，平均下降 93.5%。从 WCPD 法的统计结果看，新的估计方法下，各国购买力平价标准误的下降幅度从最低值 58.6%到最高值 99.8%变化，平均下降幅度达到 88.9%。上述数据有力地说明了消除异方差之后的 CPD 法能显著改善各国购买力平价估计的可靠性水平。

由于各国购买力平价大小差异非常大，小则不足为 1，大则上千，单纯以购买力平价绝对标准误的大小难以反映误差对各国购买力平价的影响程度。表 4.1 还给出了两种估计方法下相对标准误的统计结果。从 CPD 法的统计结果看，在 WLS 估计下，所有国家的相对标准误均低于 10%，仅有 1 个国家的相对标准误介于 5%~10%，5 个国家介于 1%~5%，141 个国家低于 1%。而在 OLS 估计下，各区间均存在一定数量的国家，实际上，相对标准误高于 30%的 4 个国家中最高达到 87.9%。同时，低相对标准误（5%以下）的国家数明显少于 WLS 估计下的结果。从 WCPD 法的结果看，WLS 估计下显示的结果也要明显好于 OLS 估计，在此不再赘述。

表 4.1 OLS 估计与 WLS 估计下的标准误统计结果

相对标准误	CPD/OLS	CPD/WLS	WCPD/OLS	WCPD/WLS	标准误下降幅度	
					CPD	WCPD
(30%, ∞)	4 (4)	0 (0)	7 (7)	0 (0)	最小值=70.2%	最小值=58.6%
(20%, 30%]	2 (6)	0 (0)	5 (12)	0 (0)		
(10%, 20%]	7 (13)	0 (0)	6 (18)	3 (3)	最大值=95.4%	最大值=99.8%
(5%, 10%]	6 (19)	1 (1)	18 (36)	1 (4)	平均值=93.5%	平均值=88.9%
(1%, 5%]	75 (94)	5 (6)	63 (99)	11 (15)	下降国家 147	下降国家 147
[0, 1%]	53 (147)	141 (147)	48 (147)	132 (147)		

注：相对标准误等于标准误除以购买力平价再乘以 100%，表中数表示相对标准误处于各对应区间中的国家个数，括号内的数表示累计国家个数。标准误下降百分比等于 WLS 估计下的标准误相比 OLS 估计的标准误下降的百分比

（三）WLS 估计方法下购买力平价的变动比较

在国际经济比较中，购买力平价估计值稍有变化有可能导致各国实际经济总量的全球排名发生根本性的变化。WLS 估计相比 OLS 估计能显著提高购买力平价估计的可靠性，但是改进的估计方法对各国购买力平价估计的影响具体有多大呢？从计算结果看，在两种估计方法下，欧盟-OECD 经济体和非欧盟-OECD 经济体的购买力平价变化情况存在较大差异，分析如下。

先看 CPD 法，表 4.2 给出了 WLS 估计相比 OLS 估计下的购买力平价变化情况统计结果。结果显示，相比 OLS 估计，在 WLS 估计下，近 1/3 的国家的购买力平价变小，其中有 19 个欧盟-OECD 国家和 24 个非欧盟-OECD 国家，但这两类国家购买力平价的下降幅度存在一定差异。购买力平价降幅处在 2%～5% 的欧盟-OECD 国家为 9 个，非欧盟-OECD 国家则为 2 个，而处在最低降幅区间的欧盟-OECD 国家为 7 个，非欧盟-OECD 国家为 14 个。从平均值和最小值看，欧盟-OECD 国家的下降幅度均要明显高于非欧盟-OECD 国家。从上述购买力平价下降的国家的对比结果看，如果以购买力平价进行居民实际消费支出的比较，相对而言，OLS 估计下的结果将高估非欧盟-OECD 国家的居民实际消费支出水平。这些地区基本以发展中国家为主，因此 OLS 估计下的结果会高估以居民实际消费支出衡量的发展中国家的生活水平。

表 4.2　CPD 法：WLS 估计下的 PPP 相比 OLS 估计下的购买力平价变化情况统计结果

PPP 变化率	欧盟-OECD	非欧盟-OECD	PPP 变化率	欧盟-OECD	非欧盟-OECD
[−5%，−2%)	9	2	[6%，8%)	1	1
[−2%，−1%)	3	8	[4%，6%)	1	3
[−1%，0)	7	14	[2%，4%)	0	10
最小值（%）	−4.6	−2.2	[1%，2%)	6	26
最大值（%）	0	0	[0，1%)	19	37
均值（%）	−2.0	−0.9	最小值（%）	0	0.6
			最大值（%）	6.1	7.7
			均值（%）	1.1	1.4

注：统计的结果是国家个数，下同

从 PPP 变化率为正的国家的比较看，各区间的对比结果显示非欧盟-OECD 的国家个数均要显著多于欧盟-OECD 的国家个数。从平均值看，非欧盟-OECD 国家的 PPP 变化率也要稍高于欧盟-OECD 国家。因此，上述比较结果也充分说明，相比欧盟-OECD 国家，价格异方差会导致 OLS 估计下的购买力平价也将高估非欧盟-OECD 国家的居民实际消费支出水平。

表 4.3 给出了 WCPD 法在两种估计方法下的购买力平价变化情况统计结果。相比 CPD 法，WCPD 法的变化率更大。具体情况是，在所有区间，非欧盟-OECD 国家数均要明显多于欧盟-OECD 国家数。尤其是从变化率处于较高区间的比较看，最高区间的非欧盟-OECD 国家数与欧盟-OECD 国家数是 2 对 0，处于次高区间的结果是 19 对 8，处于 5%～10% 的国家数是 76 对 35。从平均值看，非欧盟-OECD 国家的购买力平价变化率要高于欧盟-OECD 国家 0.6 个百分点，从两个极值看，也是非欧盟-OECD 国家明显要高。同理，相对而言，OLS 估计将较大程度地低估非欧盟-OECD 国家的购买力平价，进而会高估这些国家的居民生活水平。前面提到，在 OLS 估计下，以支出份额为权重的 WCPD 法等价于一种变形的 GK 法——Rao system。因此，上述结论还可以用于证明该变形的 GK 法存在较强的类似格申科龙效应[①]，而已有文献并未从实证的角度对该方法是否存在这一效应进行检验。

---

① 格申科龙效应是指在以 GK 法计算的国际平均价格进行人均收入的比较时会导致替代偏差，GK 法下的国际价格倾向于向发达国家倾斜，基于这一国际价格下的比较容易高估发展中国家的人均收入（Hill，2000）。

表 4.3 **WCPD 法：WLS 估计相比 OLS 估计下的 PPP 变化率统计结果**

PPP 变化率	欧盟-OECD	非欧盟-OECD
[15%，∞)	0	2
[10%，15%)	8	19
[5%，10%)	35	76
[0，5%)	2	3
最小值（%）	1.1	4.7
最大值（%）	14.3	16.3
均值（%）	8.7	9.3

注：实际上，在欧盟-OECD 和非欧盟-OECD 国家中，各有 1 个和 2 个国家的 PPP 变化率为负值，但这不会影响本书的分析结论

第五节 本章小结

ICP 任意基本类以上层级价格比较的核心基础数据是基本类水平 PPP，因此，基本类水平价格汇总方法的好坏直接关系整个 ICP 比较结果的准确性。针对现行 ICP 基本类水平价格汇总方法——CPD 法，本章从采价的原始数据的异方差性、各国汇报的各商品国内平均价格的异方差性、商品价格数量级差异导致的异方差、商品质量差异引起的异方差等视角，深入阐述了 CPD 法必然存在空间价格异方差。考虑 CPD 法中价格异方差结构的复杂性、不易捕捉的特点，本章提出引入计量经济学中基于残差加权的 WLS 法对 CPD 法的估计方法进行改进。以 ICP2011 的实际数据测算发现，在国际经济比较中，若不考虑空间价格异方差问题，发展中国家的 PPP 将被系统性低估，这等价于发展中国家的实际支出水平被高估。而相比 OLS 法和 FGLS 法，改进的估计方法能显著提高 CPD 法参数估计的有效性水平。

第五章　一类基本类以上水平汇总方法及其替代偏差的测算

在国际经济比较中，各国实际经济结构的比较、实际消费结构的比较，以及从可比的投入产出表研究各国的实际生产率、能源效率和技术效率都是十分重要的问题，类似上述要求总量指标与子类指标的加总必须相等的特殊问题，用于计算基本类以上水平购买力平价的汇总方法必须满足可加性这一重要性质。然而面对诸多满足可加性的汇总方法，实际应用中还无法明确判断方法孰优孰劣，难以选择。本章将从替代偏差的视角首次全面地对各种满足可加性的方法进行优劣比较。与此同时，为改进当前 ICP 所用方法不满足可加性这一缺陷，研究满足可加性的方法也是为后面的方法改进作铺垫。本章内容安排如下。

第一节介绍方法满足可加性的重要性，强调本章的研究意义。为加强对指数法中的已有满足可加性的汇总方法的认识，第二节将给出这类汇总方法的基本逻辑，目的在于加强对这类方法的理论认识，包括可加性的定义；各方法基本原理介绍；总结方法的发展脉络、总结和讨论方法的差异；阐述方法的经济理论基础，而这正是诸多研究存在的误区，认为满足可加性的汇总方法并不存在经济理论基础；最后是延伸思考——可加性与特征性的协调讨论。第三节将从消费者替代效应和生产者替代效应详细阐述这类方法替代偏差的理论机理。第四节将构建测度替代偏差的基本框架，介绍实证分析的数据来源和方法求解说明。第五节是实证分析，将根据实证结果探讨三个重要问题：比较替代偏差大小，进行方法的优劣判断；特征性和替代偏差是否存在关联性，这一结论将对第六章的方法改进具有重要意义；替代偏差在不同区域的表现是否有显著差异，这一结论有助于我们更好地应用满足可加性的汇总方法。第六节是本章小结。

第一节　可加性的重要性

Cassel（1918）以货币数量论为基础提出购买力平价理论后，购买力平价即广泛应用于国际经济比较领域，同时众多购买力平价汇总方法随之衍生与发展。除了经济指数方法，从方法是否满足可加性看，可将所有汇总方法分为满足可加性和非可加性两大类。满足可加性的 GK 法一直被全球最大型的统计项目 ICP 所用，直到 2005 年才退出 ICP 的舞台，但 GK 法始终受经济学领域应用非常广泛、影响力巨大的宏观经济数据库 PWT 的青睐。在国际经济比较中，各国实际经济结构的比较、实际消费结构的比较，以及从可比的投入产出表研究各国的实际生产率、能源效率和技术效率都是十分重要的问题，类似上述要求总量指标与子类指标的加总必须相等的特殊问题，用于计算各层面购买力平价的汇总方法必须满足可加性这一重要性质。

事实上，在国际比较领域，已经衍生了诸多满足可加性的汇总方法，但很多方法并不为人所熟知。在这些方法中，一些方法还具备某些优良性质，某些方法还被一些国际组织和学者应用于实际问题，不过历年 ICP 方法手册并未就所有这些方法进行综述。购买力平价汇总方法一直处于不断发展中，ICP 要被各国完全认可，那么所采用的汇总方法必须尽可能地满足更多优良指数理论性质。因此，未来 ICP 若要重拾可加性，继续应用和发展具备可加性的方法，那么对已有方法进行系统性再研究就显得非常有必要。

就中国而言，真正介入 ICP 起步较晚。近年来，国内关于汇总方法的研究与应用已有兴起之势（余芳东，2007；王磊，2012；杨仲山和谢长，2016；杨仲山和王岩，2015；戴艳娟和泉宏志，2015）。但现有研究存在的问题是，一方面，国内学者对其他具备可加性的方法的关注较少，已有关于方法论的研究侧重于 ICP 曾经用过的方法。因此，中国如果要继续参与一项带有一定政治色彩的全球统计活动并希望为 ICP 做出自身的贡献，则有必要深入研究其他方法。另一方面，各国购买力平价的推算值稍有变动将直接影响相关经济指标的比较结果。因此在实际应用中是否能选择相对较优的方法至关重要，可是不管是西方学者还是国内学者，并未从某一角度对满足可加性的这类汇总方法进行优劣比较。

为弥补当前国内研究的不足，本书将系统性地分析、讨论所有可加性汇总方法，加深对方法的认识。同时，为给出一个方法优劣判断的重要依据，本书将从替代偏差的视角，首次全面地对各种满足可加性的汇总方法进行优劣比较。本章将重点回答以下几个问题：①哪种可加性方法的替代偏差最小？以期为应用者在方法选择上提供参考。②提高方法的特征性是否可以降低替代偏差？以期为方法的改进指明方向。③从替代偏差的角度，在对以发达经济体为主的欧盟-OECD 与发展中经济体为主的非欧盟-OECD 的影响上，方法之间是否存在显著差异？以期为方法的适用性提供参考依据。

第二节　满足可加性的多边比较方法及其基本逻辑

GK 法作为第一种可加性方法，在整个 ICP 方法体系中居于十分重要的地位，而且一直是 PWT 所用的方法。与此同时，以 GK 法为基础衍生出诸多新的可加性方法（本书统一称为拓展的 GK 法），这些方法曾受到一些国际组织和学者的青睐。本书将详细介绍这类方法的基本逻辑。

一、可加性的定义

可加性要求：任何子类名义价值分别用各自的购买力平价转换为可比值之后的加总值，与将总名义价值直接转换为可比的实际物量值必须相等。当购买力平价汇总方法不满足可加性时，用国际平均价格直接计算的物量水平与按照购买力平价折算的实际支出之间的不一致性突显（Cuthbert，1999）。

（一）可加性汇总方法的定义

本书定义 p_{ij} 代表第 j 个国家第 i 个商品的价格（$i=1,2,\cdots,I;j=1,2,\cdots,J$）；$q_{ij}$ 代表相应商品的消费数量，而且假定价格和数量均严格为正。定义 $A=[P,Q]=[\alpha_{ij}]$ 是一个所有元素为正的权重矩阵，且满足每一行的和为 1，α_{ij} 是价格向量 P 和数量向量 Q 的函数。Cuthbert（1999）用权重矩阵 A 以及一个常数 λ 定义了满足可加性的汇总方法：

$$\pi_i = \sum_{j=1}^{J} \frac{p_{ij}}{\text{PPP}_j} \alpha_{ij} \tag{5.1}$$

$$\text{PPP}_j = \frac{1}{\lambda} \frac{\sum_{i=1}^{I} p_{ij} q_{ij}}{\sum_{i=1}^{I} \pi_i q_{ij}} \tag{5.2}$$

对可加性汇总方法定义的几点解析：①式（5.1）意味着可加性汇总方法中的国际平均价格向量是各国国内价格经购买力平价折算后的一个加权算术平均值。需强调的是该平均价格向量并不是数学意义上的平均值，其反映的是一个平均价格结构（Balk，2001）。因此，权重 α_{ij} 的选择决定了该国际平均价格结构，即 α_{ij} 的不同处理方式将决定各国价格结构对国际平均价格结构的影响。②式（5.2）意味着一国 PPP 同该国名义支出与该国实际支出水平的比值呈正比例关系。③很显然，式（5.1）和式（5.2）不存在唯一解，当 π、PPP 和 λ 是该联立方程组的一组正解时，对于任意正常数 θ，则 $\theta\pi$、θPPP 和 $\theta\lambda$ 也是该联立方程组的解。因此，我们只需要选定一个基准国家，并令该国的 PPP 为 1，即可得到唯一的一组解。④如果将式（5.1）代入式（5.2），并将 π 从式（5.2）中消掉，则可以发现向量 PPP 是一个正矩阵的最大化特征向量，λ^{-1}是相应的最大化特征值。

（二）强可加性与弱可加性

从上述可加性汇总方法的定义可知，特征值λ^{-1}并非等于1，一般来说，如果λ未包括在式（5.2）中，则由式（5.1）和式（5.2）得出的解并非一组正解。Cuthbert（1999，2003）又将可加性分为强可加性和弱可加性，当计算得出的特征值等于1时，该汇总方法满足强可加性。在此情形下，式（5.2）则说明一国经购买力平价间接折算后的总支出将等于以国际平均价格直接计算的各子类支出之和，故满足强可加性的方法可用作总支出的结构分析。而当λ^{-1}不等于1时，汇总方法将满足弱可加性，式（5.2）代表一国经购买力平价间接折算后的总支出将正比于以国际平均价格直接计算的各子类支出之和。因此，只有满足强可加性的汇总方法才可用于各国经济结构分析。后面在介绍可加性汇总方法时，将进一步指出在何种情形下，式（5.1）和式（5.2）决定的特征值λ^{-1}才恒等于1。接下来，本书仅研究满足强可加性的汇总方法，后面不再作此强调。

二、各方法简介

为比较各方法的构造原理及差异，在此重新阐述GK法和IDB法。

（一）GK法

本章介绍的第一种可加性方法是最为人所熟知的GK法，该方法在国际比较领域具有非常重要的历史地位。在ICP2005以前，GK法是ICP最早且一直使用的多边价格汇总方法。此外，GK法曾经还被欧盟、OECD等组织用于本区域的国际比较，被FAO用于计算区域和世界的食品与农业生产价格指数。GK法由Geary（1958）提出，并推荐给FAO，通过Khamis（1970，1972）的研究，GK法又得到了进一步发展与推广。GK法的定义如下：

$$\pi_i = \sum_{j=1}^{J} \frac{p_{ij}}{\text{PPP}_j} \cdot \frac{q_{ij}}{\sum_{j=1}^{J} q_{ij}} \tag{5.3}$$

$$\text{PPP}_j = \frac{\sum_{i=1}^{I} p_{ij} q_{ij}}{\sum_{i=1}^{I} \pi_i q_{ij}} \tag{5.4}$$

相比前面对可加性方法的定义，GK 法虽然直接将 λ 赋值为 1，但 Khamis（1972）证明其存在唯一正解。从国际平均价格向量的构造看，GK 法采用的权重 α_{ij} 是国家数量份额，一般说来大国或者发达国家消耗的数量较多，故在 GK 法中，各国对国际平均价格结构的影响是不一致的，国际平均价格向量有向发达国家价格结构倾斜的趋势。GK 法中的国际平均价格向量更接近发达国家的价格结构，因此 GK 法会相对高估发展中国家的 GDP，这就是格申科龙效应。GK 法存在的格申科龙效应已在一些研究中得到证实（Hill，2000）。多年来，GK 法的上述缺陷受到一些学者的批评，致使 ICP2011 不再采用该方法。相比现行 ICP 所用的方法，GK 法具备可加性且简单易行，因此至今仍被全球宏观经济数据库 PWT 所用。

（二）IDB 法

不同于 GK 法，Ikle（1972）对国际平均价格的计算采用调和平均的形式：

$$\pi_i = \frac{1}{\sum_{j=1}^{J} \frac{\text{PPP}_j}{p_{ij}} \alpha_{ij}} \tag{5.5}$$

由于上述初始形式的 IDB 法难以解释，权重 α_{ij} 并没有清晰的含义，因此该方法一直未受到重视。直到 Dikhanov（1994，1997）对上述初始版本的 IDB 法进行了简化，其将权重矩阵 α_{ij} 设为

$$\alpha_{ij} = \frac{w_{ij}}{\sum_{j=1}^{J} w_{ij}}, \quad \text{其中} \ w_{ij} = \frac{p_{ij}q_{ij}}{\sum_{i=1}^{I} p_{ij}q_{ij}} \tag{5.6}$$

随后，Balk（1996）证实了由式（5.4）~式（5.6）构成的 IDB 法存在唯一解，该方法曾经被 ICP2005 用于非洲区域的价格汇总。

IDB 法与 GK 法的比较。不同之处在于：一是 IDB 法国际平均价格向量的构造采用调和平均的形式，GK 法采用算术平均；二是 IDB 法采用价值份额为权重。相比 GK 法数量份额为权重，价值份额在国家之间的差异性要小些。这点容易理解，一般来说，商品消费的数量与价格呈反比例关系，大国消费的某一商品数量多则该商品价格可能较低，而小国消费的同一商品数量少则该商品价格可能较高，这样同一商品在两国之间的支出份额中可能差异并不大。价值份额相比数量份额要相对中立于国家大小，因此与 GK 法相比，IDB 法被认为是一种"民主化"方法，IDB 法中国际平均价格向量的构造独立于国家规模，即扮演了同等重要的角色（Cuthbert，2009；Dikhanov，2010）。由于 IDB 法采用的是等加权的形式，故理论上说，IDB 法比 GK 法能降低格申科龙效应，这已经得到了证实。

GK 法与 IDB 法之间的逻辑关系表现为,当各国实际 GDP 总量相等时,GK 法则等价于 IDB 法。虽然 IDB 法存在其自身的优势,但 Dikhanov(2010)指出,恰恰因为 IDB 法民主化的特点,其不存在交易平等性(transaction equality),同时也存在选择偏差,如一些异常价格结构和数量结构的小国可能会影响该指数,但相比 GK 法存在的格申科龙效应的负面影响,IDB 法存在的选择偏差可以忽略不计。

(三) 广义 GK 法

Cuthbert(1999)在基于式(5.1)~式(5.2)定义的可加性方法的基础上,又证明了 $\lambda \equiv 1$ 与权重矩阵 A 的关系。第一条已证明的定理是,如果权重 α_{ij} 满足:

$$\alpha_{ij} = \frac{\beta_j q_{ij}}{\sum_{j=1}^{J} \beta_j q_{ij}} \tag{5.7}$$

对于某些正的向量 β,则有 $\lambda \equiv 1$。第二条已证明且更为严格的定理是,如果 $A = A(Q)$ 仅仅是关于 Q 的一个函数,当 $\lambda = 1$ 时,α_{ij} 必满足式(5.7)的函数形式。借此,Cuthbert(1999)提出满足式(5.1)、式(5.4)、式(5.7)的方法称作广义 GK(generalised GK,GGK)法。在 GGK 法一般化的框架下,可以证明 GK 法和 IDB 法分别是 $\beta_j = 1$ 和 $\beta_j = 1 / \sum_{i=1}^{I} \pi_i q_{ij}$ 下的 GGK 法的特例[①]。

可以说 GGK 法为发展新的同时又满足可加性的汇总方法提供了可能,Cuthbert 基于 GGK 法的框架提出了两类新的汇总方法:等规模国家物量(equal scaled country volume,ESCV)法和 $C(\alpha)$ 指数。GK 法受人批评的原因在于该方法计算的国际平均价格结构会向大国倾斜,如果在构造国际平均价格向量时给予每个国家相等的权重,则 GGK 法相比 GK 法存在减弱、甚至消除格申科龙效应的可能。Cuthbert(1999)进一步定义了等权重必须满足的条件,只要找到一个向量 β 使得 GGK 法满足:

$$\sum_{i=1}^{I} \pi_i \beta_j q_{ij} = K \tag{5.8}$$

则该定义下的 GGK 法可视为 ESCV 法。从上述可以看出,基于 GGK 法的 ESCV 法实际上施加了两个条件:一个是可加性条件——式(5.1)、式(5.4)、式(5.7),另一个是等权条件——式(5.8)。Cuthbert(1999)同时证明了 IDB 法实则是 ESCV 法的一个特例。

---

① 事实上,只需所有 β_j 相等时,GK 法等价于 GGK 法。

Cuthbert（2003）定义了 GGK 法的另一个子类，如果将 β 定义为

$$\beta_j = 1 \Big/ \left(\sum_{i=1}^{I} \pi_i q_{ij} \right)^{\alpha} \tag{5.9}$$

式中，α 为任意满足 $0 \leqslant \alpha \leqslant 1$ 的值。

则由式（5.1）、式（5.4）、式（5.7）及式（5.9）构成的 GGK 法称作 $C(\alpha)$ 指数。进一步地，可以证明，当 $\alpha=0$ 时，$C(\alpha)$ 指数等价于 GK 法；当 $\alpha=1$ 时，$C(\alpha)$ 指数等价于 IDB 法；而当 $0<\alpha<1$ 时，随着 α 的增大，在计算国际平均价格向量时，$C(\alpha)$ 指数赋予小国的权重也将随之增大。

（四）EWGK 法

等加权的 GK（equally weighted GK，EWGK）法定义的权重 α_{ij} 同为 IDB 法中的式（5.6），只是相比 IDB 法，EWGK 法计算国际平均价格采取的是加权算术平均的形式，EWGK 法由式（5.1）、式（5.4）、式（5.6）构成（Hill，1997）。因此，EWGK 法是一种民主化指数（Cuthbert，2009），Hill（2000）证明了 EWGK 法相比 GK 法能减弱格申科龙效应。此外，虽然 EWGK 法和 IDB 法在计算国际平均价格时采用的平均形式不同，但两者得出的结果却非常接近。

（五）Gerardi 法

Gerardi（1974）提出了一种可加性汇总方法，Gerardi 法中的国际平均价格采取各国价格的简单几何平均的形式：

$$\pi_i = \left(\prod_{j=1}^{J} p_{ij} \right)^{1/J} \tag{5.10}$$

式（5.4）和式（5.10）构成了 Gerardi 法，1975 年该方法首次应用于欧盟区域的国际比较。但在 1980 年欧盟区域的比较中，又采取了经 PPP 折算后的价格的简单几何平均的形式：

$$\pi_i = \left(\prod_{j=1}^{J} \frac{p_{ij}}{\text{PPP}_j} \right)^{1/J} \tag{5.11}$$

随后，Khamis 和 Rao（1989）证明了基于式（5.10）和式（5.11）得出的结果其实是完全相同的。Gerardi 法采取简单几何平均的形式，国际平均价格向量中立于国家，因此理论上该方法可以降低格申科龙效应（王磊，2012）。

（六）KS-S 法

KS-S 法由 Kurabayashi 和 Sakuma（1981，1990）提出，本书参见 Balk（1996）介绍 KS-S 法的实际物量份额形式：

$$\pi_i = \frac{1}{\gamma} \sum_{j=1}^{J} \frac{p_{ij}}{\sum_{i=1}^{I} p_{ij}} \cdot Q^j \tag{5.12}$$

$$Q^j = \frac{1}{\sigma} \sum_{i=1}^{I} \pi_i q_{ij} \tag{5.13}$$

式中，Q^j 为第 j 国的实际物量份额，满足 $Q^1 + Q^2 + \cdots + Q^J = 1$。将式（5.12）代入式（5.13）将得出：

$$\sum_{k=1}^{J} \frac{\sum_{i=1}^{I} p_{ik} q_{ij}}{\sum_{i=1}^{I} p_{ik}} \cdot Q^k = \sigma \gamma Q^j \tag{5.14}$$

显然，$Q^1, Q^2, \cdots, Q^J$ 是某一矩阵中元素等于 $\sum_{i=1}^{I} p_{ik} q_{ij} \Big/ \sum_{i=1}^{I} p_{ik}$ 的一个特征向量，$\sigma\gamma$ 是该矩阵的最大特征值。从国际平均价格的构造看，相比 GK 法，第一点不同在于，KS-S 法被加权的对象是一个比较特殊形式的国内相对价格 $p_{ij} \Big/ \sum_{i=1}^{I} p_{ij}$，含义不明确。第二点不同在于，KS-S 法采用的是以各国实际物量份额为权重，需要强调的是，在计算不同商品的国际平均价格时，各国在不同商品上的权重都是相等的，那么 KS-S 法并未考虑不同商品对国际平均价格结构的影响差异。相比 GK 法，虽然大国的实际物量相对仍较高，但与数量份额比较相对没那么明显，KS-S 法中的国际平均价格向大国倾斜的趋势已经减弱，故本书认为 KS-S 法相比 GK 法可以降低格申科龙效应。

（七）SRK 法

Sakuma 等（2000）提出了 KS-S 法的一种变形方法——SRK 法，该方法定义国际平均价格如下：

$$\pi_i = \sum_{j=1}^{J} \frac{p_{ij}}{\text{PPP}_j} \cdot \frac{\sum_{i=1}^{I} p_{ij} q_{ij}}{\sum_{i=1}^{I} \sum_{k=1}^{J} p_{ij} q_{ik}} \tag{5.15}$$

式（5.4）和式（5.15）共同定义了 SRK 法。与 GK 法不同的是，SRK 法在构建国际平均价格向量时采用的权重是汇总水平的价值份额 $\alpha_{ij} = \sum_{i=1}^{I} p_{ij} q_{ij} \Big/ \sum_{i=1}^{I} \sum_{k=1}^{J} p_{ij} q_{ik}$，而非 GK 法中的数量份额或价值份额 $\alpha_{ij} = q_{ij} \Big/ \sum_{j=1}^{J} q_{ij} = p_{ij} q_{ij} \Big/ \sum_{k=1}^{J} p_{ij} q_{ik}$。从式（5.15）可知，对一国而言，每一件商品在 SRK 法中表现的权重是相同的，从指数的构造看，α_{ij} 可以视为第 j 个国家相对于所有国家的一个帕氏物量指数。鉴于上述考虑，Balk（2001）认为 SRK 法比 GK 法更容易受格申科龙效应的影响。Cuthbert（2009）也指出 SRK 法是一种非民主化的指数，故理论上 SRK 法势必也存在格申科龙效应。

（八）MPCP 法

特征性是多边价格比较中另一重要的性质，严格来说，目前还没有一种汇总方法完全满足该性质。ICP 现行的 GEKS 法是基于双边 Fisher 价格指数过渡到多边价格比较的方法，该方法已经最大化特征性，因此 GEKS 法通常被认为满足特征性，但前面介绍的所有可加性汇总方法均不满足特征性。下面引入两种最新发展的最大化特征性又满足可加性的汇总方法。

为了同时获得可加性与特征性，Sergeev（2009a）指出国际平均价格向量应能最大可能地反映所有参与多边价格比较的国家特征，并提出一种新型的国际平均价格——结构化的国际价格（structural international prices）。要构造该国际价格，需引入一个衡量价格结构相似性的指标。对于两个国家 j 和 k，如果商品 i 满足 $p_{ij} = \eta p_{ik}$，η 为一个常数，则可以说 j 国和 k 国具有相同的价格结构。类似于线性相关系数的计算，Sergeev（2009a）提出了一种测度一国国内价格与国际平均价格结构相似性的指标，并基于该指标又提出了一种同时满足可加性又最大化特征性的多边价格汇总方法 MPCP 法。MPCP 法定义 j 国价格结构与国际平均价格结构的相似性指标 τ_j 如下：

$$\tau_j = \sqrt{\frac{\sum_{i=1}^{I}\{(p_{ij}/\pi_i) \cdot s_i\} \sum_{i=1}^{I}\{(\pi_i/p_{ij}) \cdot s_i\}}{\sum_{i=1}^{I}\{(p_{ij}/\pi_i)^2 \cdot s_i\} \sum_{i=1}^{I}\{(\pi_i/p_{ij})^2 \cdot s_i\}}} \qquad (5.16)$$

其中

$$s_i = \sum_{k=1}^{J} w_{ik} / N$$

τ_j 的大小可视为给定的国际平均价格向量 π 能反映 j 国价格结构特征的程度，而 π 能反映所有国家价格结构特征大小的度量应该是所有 τ_j 中的最小值：

$$\tau_{\min} = \min(\tau_1, \tau_2, \cdots, \tau_J) \tag{5.17}$$

MPCP 法就是要识别出一个国际平均价格向量 π，使得 π 能最大化反映所有国家的价格结构特征。因此，MPCP 法识别向量 π 可归结为实现如下最大化问题：

$$\max_{\pi}(\tau_{\min}) = \max_{\pi}\left\{\min \frac{\sqrt{\sum_{i=1}^{I}\{(p_{ij}/\pi_i)\cdot w_{ij}\}\sum_{i=1}^{I}\{(\pi_i/p_{ij})\cdot w_{ij}\}}}{\sqrt{\sum_{i=1}^{I}\{(p_{ij}/\pi_i)^2\cdot w_{ij}\}\sum_{i=1}^{I}\{(\pi_i/p_{ij})^2\cdot w_{ij}\}}}\right\}$$

$$\text{s.t } \pi_i > 0, \quad i = 1, 2, \cdots, I \tag{5.18}$$

式（5.4）和式（5.18）构成了 MPCP 法，因此，MPCP 法同时满足传递性、可加性以及最大化限度地反映所有国家的价格结构特征。MPCP 法的难点在于上述最优化问题的求解，一种是采用 Hooke-Jeeves 法或者 Nelder-Mead 法求解，另一种是采用迭代法求解。需要强调的是，如果向量 π 是式（5.18）的一个解，则 π 的任意常数倍 $\kappa\pi$ 也是式（5.18）的解。因此，要求得唯一解，需要选定一个基准商品，即标准化 π 使得基准商品的价格为 1，同时指标 τ 不受基准商品选择的影响。

进一步思考可以发现，MPCP 法易受价格结构为奇异型的国家的影响。一种极端的情形是，当最优化问题识别的国际平均价格向量 π 是最大化地反映某一奇异型价格结构的国家，但该 π 相比其他形式的 π 又不能最大限度地反映其他国家的价格结构时，那么最优化问题下 π 的结构直接取决于价格结构为奇异型的国家。MPCP 法这种"小中取最大"的方式可理解为是"次中选最好"的方式，当存在奇异型价格结构的国家时，可能不比直接按照所有国家价格相似性之和最大化时求解的 π 要好。但这种"求和最大化"或许同样会使得 π 无法最大化反映一些国家的价格结构（Sergeev，2009a），因此 MPCP 法存在小中取最大与求和最大化之间的平衡问题。

（九）SS 法

MPCP 法的难点在于最优化问题难以求解，而迭代求解法的有效性依赖初始解的选择，为得到一种更简单的又最大化特征性的方法，Sergeev（2009a）还提出 SS 法。由于双边价格指数直接与两国的商品价格和数量相关，因此双边价格指数必满足特征性。如果能将双边价格指数作出适当变形以满足可加性，再过渡到多边价格指数，则可以使多边价格指数不仅满足可加性、传递性，同时又能最大化特征性。Sergeev（2009a）就基于 Fisher 指数的基本原理，提出能反映两国价格结构特征的指标——标准化结构，双边物量指数是采用该标准化结构指标为权重的一个 Fisher 指数。因此在双边价格比较中，SS 法具备所有 Fisher 指数的优良性质，进一步地，双边 SS 法可以一般化到多边价格比较中。Balk（2001）给出了多边 SS 法的价格指数形式，国际平均价格定义如下：

$$\pi_i = \sum_{j=1}^{J} g_j \left(\frac{p_{ij}}{\text{PPP}_j} \right) \quad （5.19）$$

$$g_j = \frac{\text{PPP}_j}{\sum_{i=1}^{I}\sum_{k=1}^{J} p_{ij}q_{ik}} = \left(\frac{\sum_{i=1}^{I}\sum_{k=1}^{J} p_{ij}q_{ik}}{\text{PPP}_j} \right)^{-1} \quad （5.20）$$

式（5.4）、式（5.19）和式（5.20）共同定义了 SS 法。从 SS 法的定义可以看出，权重是以 j 国 PPP 折算的全球汇总水平的实际支出的倒数，权重在国家之间不同，但在国家内部不同商品之间是相同的。Cuthbert（2009）认为 SS 法中的权重完全统一，SS 法是一种民主化的指数。Sergeev（2009a）通过对 GEKS 法、GK 法、IDB 法、CPD 法等的实证比较发现，SS 法是最接近 GEKS 法的方法。这是否可以说明可加性的方法如果能最大化满足特征性，其计算的结果会更接近 GEKS 法？下面将深入讨论这一问题。

三、方法总结性讨论

（一）可加性汇总方法的发展脉络

可加性方法的基本思想是希望构建统一的国际平均价格向量，借此进行各国实际 GDP 及其子类支出的比较，这种设想比较简单，易理解。因此，如何构建合理的国际平均价格向量也就成为可加性方法的演进方向。从 ICP 最初应用的 GK 法开始，由于 GK 法存在格申科龙效应，相比 GEKS 法不满足特征性等缺点，因此可加性方法的发展路径主要是为改进 GK 法本身的不足也在情理之中。

可加性方法演进的第一阶段主要是为了减弱 GK 法存在的格申科龙效应。这类方法的代表者当属 IDB 法，IDB 法相比 GK 法最大限度地降低了格申科龙效应，且该方法曾经被 ICP2005 所采用，这充分反映出 IDB 法至少有被认可过其相对优良之处。然而，有些拓展的 GK 法的出发点虽是为了减弱格申科龙效应，但成效如何却并未得到证实，这或许是大多数可加性方法并未被 ICP 或其他国际组织采纳的原因。可加性方法演进的第二阶段主要是出于 GK 法不满足特征性的考虑。特征性反映的是可加性方法所构建的国际平均价格向量能反映各国的价格结构特征，而格申科龙效应存在的原因也在于一国价格结构与国际平均价格结构有差异，而且这种差异越大，格申科龙效应的表现越强。虽然已有文献并未将特征性与格申科龙效应联系在一起，但本书认为提高特征性与减弱格申科龙效应应该存在内在的一致性，这或许可以为方法的改进提供一种思路。这类尽可能满足所有国家的价格结构特征的方法有 MPCP 法和 SS 法。

（二）可加性汇总方法的比较讨论

从不同可加性方法的技术特点看，不同方法的差异体现在权重 α_{ij} 的选择，以及国际平均价格"平均"形式的不同，权重主要可分为数量份额、价值份额以及实际物量份额等不同形式，平均的形式有算术平均、几何平均及调和平均。本书对所有可加性汇总方法的定义差异及优缺点的讨论作了简要总结，见表 5.1。

表 5.1 满足可加性的汇总方法定义差异及优缺点一览表

方法	定义	国际平均价格差异	主要优点	主要缺点
GK 法	式（5.3）～式（5.4）	1. 加权算术平均 2. 权重是国家数量份额	1. 简单易行、最流行的可加性方法 2. 满足的公理化检验最多（Balk, 2001）	1. 格申科龙效应 2. 不满足特征性
IDB 法	式（5.4）～式（5.6）	1. 加权调和平均 2. 权重是国家价值份额	可降低格申科龙效应	1. 不满足特征性 2. 存在选择偏差
GGK 法	式（5.1）、式（5.4）、式（5.7）	加权算术平均	1. 为发展新的可加性方法提供了一个统一的框架 2. 在 ESCV 法定义下，为发展民主化的方法提供了思路	不满足特征性
Gerardi 法	式（5.4）、式（5.10）	简单几何平均	理论上可降低格申科龙效应	不满足特征性
EWGK 法	式（5.1）、式（5.4）、式（5.6）	1. 加权算术平均 2. 权重是国家价值份额	理论上可降低格申科龙效应	不满足特征性
KS-S 法	式（5.12）～式（5.13）	1. 加权算术平均 2. 权重是国家实际物量份额	理论上可降低格申科龙效应	1. 理论上仍存在格申科龙效应 2. 不满足特征性
SRK 法	式（5.4）、式（5.15）	1. 加权算术平均 2. 权重是全球汇总水平的价值份额	满足的公理化检验最多（Balk, 2001）	1. 理论上更容易遭受格申科龙效应 2. 不满足特征性

续表

方法	定义	国际平均价格差异	主要优点	主要缺点
MPCP 法	式（5.4）、式（5.18）	最大化特征性的一个解	1. 理论上可降低格申科龙效应 2. 最大化特征性	1. 结果的合理性受限于价格结构相似性的度量 2. 易受奇异型价格结构的国家的影响 3. 操作复杂
SS 法	式（5.4）、式（5.19）~式（5.20）	1. 加权算术平均 2. 权重是以一国 PPP 折算的全球汇总水平的实际支出的倒数	1. 理论上可降低格申科龙效应 2. 最大化特征性	不满足的公理化检验最多（Balk，2001）

四、经济理论基础

以 GK 法为代表的可加性方法常被认为缺乏经济理论基础而受人诟病（Caves et al.，1982），如王磊（2012）指出一些可加性方法中的国际平均价格的经济意义不明确。为提升人们对这类方法的认识，本书将引入一个一般均衡框架来阐释可加性方法的经济理论基础以及国际平均价格向量的经济含义。

所有可加性方法都可以基于迭代思想的一般均衡理论进行解释，首先需要假定消费者在给定价格和效用水平下的选择是成本最小化。在这个一般均衡框架中，具体分为两个阶段或者两个机制：价格机制和国家响应机制，见图5.1。在第一阶

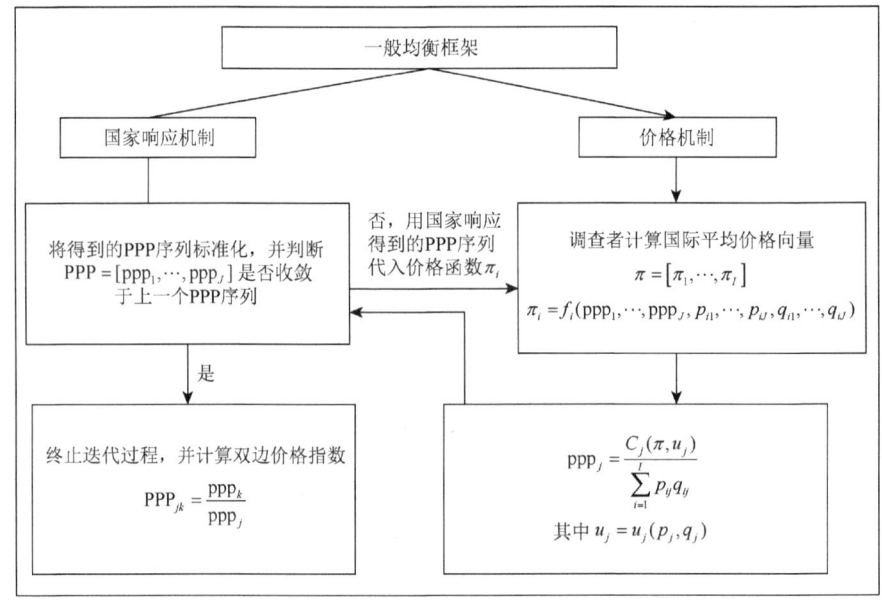

图 5.1 一般均衡框架基本逻辑

段的价格机制中,假定有一个调查者,该调查者的任务是负责计算国际平均价格向量 π,π 是所有国家的 PPP、所有商品价格和数量的一个价格函数。调查者首先可以随意给定一个各国的 PPP 序列,然后基于计算 π 的价格函数得到第一次计算的 π。随后进入第二阶段的国家响应机制,每个国家在保持与该国价格下消费同等数量商品时的效用相同时,再计算在 π 下的最小化成本,并计算图 5.1 的 Konus 指数。随后可以得到一个新的各国 PPP 序列,并选定一个基准国家再将该序列标准化,然后再比较新的 PPP 序列是否收敛于第一次调查者任意给定的 PPP 序列。如果不相等,调查者需要修订其初始价格估计,利用第二次得到的 PPP 序列代入价格函数中,再计算得到新的 π,经国家响应机制又可以得到新的 PPP 序列,再判断该序列是否收敛于上一次的 PPP 序列。这样经过价格机制与国家响应机制的反复迭代,最终可以得到收敛的 PPP 序列。

事实上,在实际应用中,所有可加性方法的求解过程均可以通过迭代算法求解,通过上述一般均衡框架的基本逻辑可知,迭代算法的经济含义实则隐含在图 5.1 的一般均衡框架之中。

在一般均衡框架下,Konus 指数中的成本函数取决于效用函数,而最终能否得到收敛的 PPP 序列,则取决于价格函数 f_i 的形式,Rao 和 Carrillo(1986)给出了 f_i 必须满足的五个条件。因此,不同可加性汇总方法都是在相应的效用函数和价格函数下,均可通过上述一般均衡框架推导得出。Rao 和 Coondoo(1984)证明 GK 法和 Gerardi 法是效用函数为固定系数的列昂惕夫形式,价格函数分别为式(5.3)和式(5.10)下的结果。至于其他可加性方法在上述一般均衡框架下是何种效应函数形式,还有待进一步研究。从一般均衡的理解看,国际平均价格向量具有明确的经济含义:瓦尔拉斯一般均衡价格(Rao,1985)。

五、延伸思考:可加性与特征性的协调讨论

可加性是 GK 法及其拓展法具备的优良性质,特征性是 GEKS 法具备的优良性质,假设拓展的 GK 法与 GEKS 法存在某种内在联系,那么是否可以做到可加性与特征性的协调?进一步地,是否也就找到了使可加性方法进一步满足特征性的发展方向?Cuthbert(2009)证明了 GGK 法与 GEKS 法是存在内在联系的,见式(5.21)~式(5.25)。

$$\text{GGK}_{jk} = g_k g_j^{-1} \text{GEKS}_{jk} \tag{5.21}$$

$$g_j = \left[\prod_{l=1}^{J} \frac{\lambda(l,j)}{\lambda(j,l)} \right]^{1/2J} \tag{5.22}$$

$$\lambda(l,j) = \sum_{i=1}^{I} \text{IP}_{il} \theta_{ij} \qquad (5.23)$$

$$\text{IP}_{il} = \frac{p_{il}}{\text{PPP}_l \pi_i} \qquad (5.24)$$

$$\theta_{ij} = \frac{\pi_i q_{ij}}{\sum_{i=1}^{I} \pi_i q_{ij}} \qquad (5.25)$$

从 GGK 法与 GEKS 法的上述关系式可知，GGK 法框架下的各种可加性方法实则都与 GEKS 法存在式（5.21）的逻辑关系，GGK 法与 GEKS 法之间的差异表现在 g_k 与 g_j 的大小上。从式（5.22）～式（5.25）体现的内涵看，Cuthbert（2009）又进一步指出并证明 g_j 与国家 j 的价格结构 IP 有关，j 国价格结构越接近于 1（即 IP_{ij} 偏离 1 的均方根越小），g_j 则越大，在此情况下，GGK 法表现的结果也要好。IP 衡量的是一国价格与国际平均价格之间的差异性，因此 Cuthbert 的结论描述的是，在 GGK 法下，一国的价格与国际平均价格之间的差异性越小，该国在 GGK 法下的 PPP 结果与 GEKS 法下的 PPP 结果的差异越小。

从上述分析可知，正是因为 GGK 法和 GEKS 法有着内在的联系，故可加性与特征性是可以协调的。GGK 法要提高特征性，实际上就是要找到合适的国际平均价格向量，使得各国的价格结构都尽可能地接近于 1。如果存在这样的国际平均价格使得大部分国家（甚至所有国家）的价格结构相比 GK 法或者 IDB 法下的价格结构更接近于 1，那么新的拓展的 GK 法不仅能减弱格申科龙效应，还能提高特征性。虽然已经最大化特征性的 MPCP 法和 SS 法不属于 GGK 法框架下的可加性方法，但这两种方法提高特征性的思路与我们的理解是一致的，这同时意味着，即便不是在 GGK 法的框架下，在方法的发展上，我们也可以尽可能地协调可加性与特征性。

第三节　替代偏差的经济学机理

Gerschenkron（1951）在研究苏联和美国机器设备产出增长率时发现，当使用较早年份的价格作为产出指数的权重时，之后的产出增长率将高于使用样本区间内最近年份的价格作为权重计算的产出增长率。在国际比较领域，一些学者发现，当使用 GK 法时，类似 Gerschenkron 的上述发现也存在于 GK 法中：当使用 GK 法中的国际平均价格向量进行各国 GDP 的比较时，该国际平均价格向量会向发达国家的价格结构倾斜，由此导致相对高估发展中国家的实际 GDP 与收入水平。这一现象在国际比较领域称作格申科龙效应，而格申科龙效应产生的背后机理是：在使用统一的价格进行国际比较时会产生替代偏差。以下根据图 5.2 来详述替代偏差。

一、消费者替代效应

如图 5.2（a）所示，从消费者替代效应看，假定有两个国家 A 和 B 同时消费两种产品 X 和 Y，同时假定两个国家的消费者偏好是相同的，表现在图中是两国都处在同一条无差异曲线上。A 点和 B 点分别代表 A 国和 B 国在该无差异曲线上的最优消费品篮子，同时定义 p_A 和 p_B 分别代表 A 国和 B 国的国内价格向量，q_A 和 q_B 分别代表 A 点和 B 点处的消费数量。当比较两国的消费物量水平时，如果选择 A 国的价格作为权重，那么 B 国的预算线将从 B1 旋转至 B2，此时 $p_A q_A < p_A q_B$（等价于 $Q_{AB}^L > 1$），拉式物量指数显示 B 国具有更高的消费物量水平；如果选择 B 国的价格作为权重，那么 A 国的预算线将从 A1 旋转至 A2，此时 $p_B q_B < p_B q_A$（等价于 $Q_{BA}^L > 1$），拉式物量指数则显示 A 国具有更高的消费物量水平。事实上，当相对价格发生变化时，理性的消费者将更多地消费价格相对便宜的商品。以 B 国为例，在 A 国的价格水平下，B 国的最优消费数量将不再处于 B 点，而是在与预算线 B2 相切的新的无差异曲线上，这就是消费者替代效应。因此，在进行物量比较时，单纯地以某一国的价格作为权重将引起替代偏差。

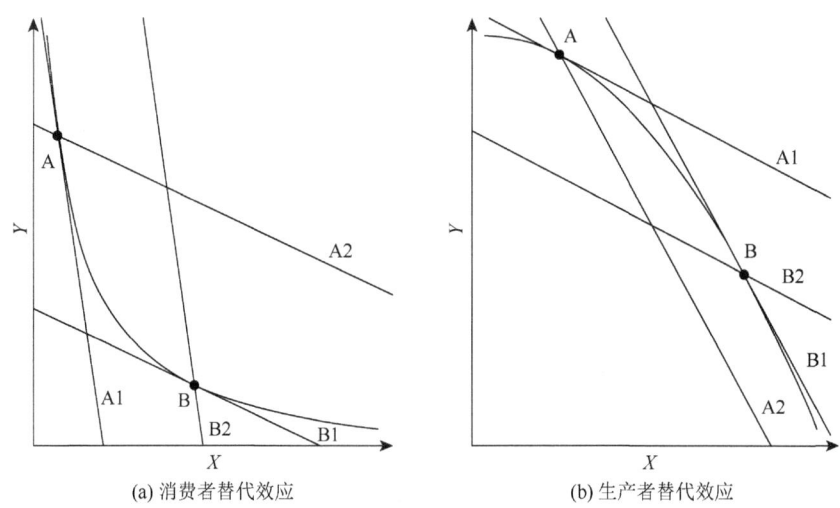

(a) 消费者替代效应　　　　(b) 生产者替代效应

图 5.2　替代偏差的经济学机理

二、生产者替代效应

同理,可以从生产者的角度分析替代偏差效应,见图5.2(b)。图中 A 点和 B 点分别为生产可能性边界上两国的最优生产量。在比较两国的生产物量水平时,如果使用 A 国的价格作为权重,则有 $p_A q_A > p_A q_B$(等价于 $Q_{AB}^L < 1$),拉式物量指数显示 A 国的物量水平较高;与此相反,当使用 B 国的价格作为权重时,有 $p_B q_B > p_B q_A$(等价于 $Q_{BA}^L < 1$),拉式物量指数显示 B 国的物量水平较高。同样,当相对价格发生变化时,理性的生产厂商将选择生产更多价格较高的产品,最优生产点将不再是图中的 A 点或 B 点。上述物量比较方法同样存在替代偏差。

然而哪一种替代效应将占主导作用呢?Hill(2000)指出,当国家间的差异主要体现在资源禀赋不同时,消费者替代效应将占主导作用,而如果国家之间的差异在于消费者偏好不同时,生产者替代效应则占主导作用。Hill 进一步指出,当产出从支出角度进行测度时,税费将增强消费者替代效应,而当产出是从生产角度进行测度时,税费将增强生产者替代效应。而 ICP 从支出法的角度进行国际经济比较,因此在 GDP 及其支出构成上,消费者替代效应将占主导作用。替代偏差带来的可能后果是,在使用满足可加性的汇总方法时,如果某一国的价格结构与国际平均价格向量存在较大差异,则容易高估该国的实际 GDP 与人均收入。进一步地,如果可加性汇总方法(如已经得到证实的 GK 法)得到的国际平均价格向量向发达国家的价格结构倾斜,则将低估全球的贫困水平。

然而,面对诸多汇总方法,到底哪种方法在格申科龙效应或者替代偏差的表现上更弱,这并未得到证实。在此进一步强调替代偏差测算的现实意义:探究方法存在的替代偏差,一方面是在理论上有助于我们认识方法存在的问题,找出方法改进的方向;另一方面是在实践上有助于实际应用者选择最优的方法。

第四节 替代偏差的测度框架、数据来源与方法求解说明

一、测度替代偏差的基本框架

本书测度替代偏差的方法借鉴 Hill(2000)的基本思想。根据前面的讨论,一国的价格结构和国际平均价格向量差异越大,相应的汇总方法则可能越容易高估该国的实际支出水平,在此首先需要定义价格结构差异。一般地,对于两个国家 j 和 k,对于所有商品 i($i = 1, 2, \cdots, I$),如果满足 $p_{ij} = \eta p_{ik}$,η 为一个常数,则

可以说 j 国和 k 国具有完全相同的价格结构。在此情况下，两国价格之比的标准差将为 0，因此可以基于方差的思想定义一国价格结构与国际平均价格向量的差异，采用价格距离函数①：

$$D_j = \sqrt{\frac{1}{I-1}\sum_{i=1}^{I}\left[\log_2\left(\frac{p_{ij}}{\pi_i}\right) - \frac{1}{I}\sum_{i=1}^{I}\log_2\left(\frac{p_{ij}}{\pi_i}\right)\right]^2} \qquad (5.26)$$

要测度替代偏差，最理想的比较是与真实值比较，但真实值是未知的。ICP 得到的各国 PPP 及其实际经济总量都是对未知真实值的一种估计结果，因此我们还需要选择一个合理的参照系。在此，本书选择 Fisher 指数，理由如下。

（1）在进行国际经济比较时，理论上说两国之间的直接比较，即使用双边物量指数（如 Fisher 指数或者 Tornqvist 指数）最能反映两国之间的真实差距，只是为了使指数具备"传递性"，我们才需要使用多边比较方法。指数界的泰斗级人物 Diewert（1976）证明了某些指数最接近未知真实的价格指数和物量指数，其将这类指数称作最优指数。使用最广泛的两种最优指数是 Fisher 指数和 Tornqvist 指数。对此，本书一方面也是参考 Hill（2000）采用 Fisher 指数作为测度替代偏差的参照系。

（2）相比之下，Fisher 指数具有一个重要的理论优势，该指数可以严格地介于 Laspeyres 指数和 Paasche 指数之间，而 Tornqvist 指数在一般情况下不具备这一性质（Sergeev，2009a）。Laspeyres 指数和 Paasche 指数是未知真值所在区间的两个极值，因此 Fisher 指数具备的上述理论性质的重要性不言而喻。

（3）事实上，Fisher 指数与 Tornqvist 指数在实际应用中往往高度接近（Diewert，1987；Dikhanov，2010），故选择哪种指数对替代偏差的测算结果不会有太大影响。

测算替代偏差的具体思路如下。

（1）在明确距离函数和比较的参照系之后，需要计算所有国家的距离函数分 $D_j(j=1,2,\cdots,J)$，并对距离函数分按照递增顺序进行排序，假定 $D_1 \leqslant D_2 \leqslant \cdots \leqslant D_J$。

（2）再计算某一汇总方法下 j 国的实际物量水平与 $D_1 \leqslant D_2 \leqslant \cdots \leqslant D_J$ 这一序列对应的各国实际物量水平的比值：

$$\frac{Q_j}{Q_1}, \frac{Q_j}{Q_2}, \frac{Q_j}{Q_3}, \cdots, \frac{Q_j}{Q_J} \qquad (5.27)$$

（3）随后计算 j 国与 $D_1 \leqslant D_2 \leqslant \cdots \leqslant D_J$ 这一序列对应的各国的 Fisher 物量指数：

---

① 该价格距离函数也是 Allen 和 Diewert（1981），Debelle 和 Lamont（1997）用于测度相对价格差异的方法。

$$Q_{kj}^{F} = \sqrt{\frac{\sum_{i=1}^{I} p_{ik}q_{ij}}{\sum_{i=1}^{I} p_{ik}q_{ik}} * \frac{\sum_{i=1}^{I} p_{ij}q_{ij}}{\sum_{i=1}^{I} p_{ij}q_{ik}}}, \quad k=1,2,\cdots,J \quad (5.28)$$

（4）最后用式（5.27）中的每一元素与式（5.28）相对应的元素相除，得到：

$$\frac{Q_j}{Q_1 Q_{1j}^{F}}, \frac{Q_j}{Q_2 Q_{2j}^{F}}, \frac{Q_j}{Q_3 Q_{3j}^{F}}, \cdots, \frac{Q_j}{Q_J Q_{Jj}^{F}} \quad (5.29)$$

如果该汇总方法存在较大的替代偏差，那么式（5.29）应该存在下降的趋势。进一步地，如果 j 国的距离分相对较小，那么式（5.29）中的大部分元素值会小于 1，这说明该国的实际物量水平被低估；反之，如果 j 国的距离分相对较大，那么式（5.29）中的大部分元素将大于 1，这说明该国的实际物量水平被高估。本书将基于上述框架来测度并比较所有可加性方法的替代偏差。

二、数据来源与方法求解说明

本章用 ICP 数据作为测度替代偏差的数据基础。由于世界银行公布的 2011 年 ICP 数据是较为汇总的数据，我们无法获得 155 个基本类 PPP 数据及其支出数据，为尽可能增加多边价格比较中的商品数量，本书选取居民实际消费支出中各大类商品的价格数据和支出数据。由于国外净购买存在负值的情形，为方便处理计算，本章最终选定居民实际消费支出中 12 个大类商品，具体包括：食品与非酒类饮料，酒类饮料、烟草以及麻醉品，服装和鞋类，住房、水、电、煤气及其他燃料，家具、家用设备及其维护，医疗，交通，通信，娱乐与文化，教育，餐旅，杂项商品与服务。采用上述汇总类商品的 PPP 数据作为价格数据、采用实际支出数据作为数量数据，然后以此计算各国的居民实际消费支出层面 PPP。所涵盖的国家和地区包括非洲（50 个经济体）、亚太（23 个经济体）、欧盟-OECD（47 个经济体）共 120 个经济体，同时选择美国作为基准国家。

本章共比较了八种满足可加性的汇总方法，关于方法的求解，除了 SS 法可以直接求解各国的 PPP，其他方法在计算上均比较复杂。针对 GK 法、IDB 法、EWGK 法、Gerardi 法、SRK 法和 KS-S 法，本书采用迭代法求解。具体步骤是：首先选择 ICP2011 公布的各国居民实际消费支出项的 PPP 作为初始迭代值，代入上述可加性方法的国际平均价格函数，再将求得的国际平均价格向量代入各方法中的 PPP 函数，则可再一次求得一个新的 PPP 序列，随后再判断新的 PPP 序列是否收敛于上一次求解的 PPP 序列，不收敛则继续进行迭代计算，收敛则停止迭代，本书选择的收敛精度为 10^{-4}。针对计算更为复杂的 MPCP 法，本书采用 Nelder-Mead 法进行求解。

第五节 替代偏差测度结果解读

本节将根据实证测算结果，对各满足可加性的汇总方法的优劣进行比较，我们将重点分析以下几个方面的内容：一是实证检验表 5.1 中各拓展的 GK 法是否可以降低格申科龙效应，并判断何种汇总方法的替代偏差最小；二是分析特征性与替代偏差是否存在关联；三是对比分析各种方法对欧盟-OECD 经济体和非欧盟-OECD 经济体的影响是否存在显著差异，同时判断不同方法在这种差异上是否又存在较大差别。上述实证分析内容不仅有助于我们在应用中选择相对较优的方法，还有助于对方法作出改进。

一、各汇总方法替代偏差的比较分析

（一）来自价格结构相似度的比较：距离分

前面的讨论提到，在使用具备可加性的方法时，如果一国的价格结构与国际平均价格向量存在较大差异，使用该方法则容易高估该国的实际物量水平，或者说求得的一国距离分越大，该方法则容易存在较大的替代偏差。换言之，可以通过比较与 GK 法的距离分来判断拓展的 GK 法是否可以降低替代偏差。本书的所有测算结果均显示，距离分相对靠前的经济体在式（5.29）中的大部分元素要小于 1，说明这些经济体的实际物量水平相对被低估，而距离分相对靠后的经济体的实际物量水平相对被高估，这一结论与前面的理论推论基本一致。替代偏差的实证检验结果见表 5.2。

表 5.2 各汇总方法替代偏差的比较

	GK	IDB	EWGK	Gerardi	SRK	KS-S	MPCP	SS
下偏最小值	0.7625	0.8023	0.8130	0.7843	0.7367	0.7287	0.7907	0.7969
上偏最大值	1.3116	1.2465	1.2299	1.2751	1.3575	1.3723	1.2648	1.2549
平均绝对偏差	0.0390	0.0309	0.0337	0.0294	0.0467	0.0485	0.0390	0.0306
距离分最小值	0.1194	0.1142	0.1235	0.1060	0.1154	0.1084	0.0940	0.1163
距离分最大值	0.6657	0.5550	0.5869	0.5616	0.7017	0.7105	0.5416	0.5733
距离分平均值	0.2922	0.2607	0.2641	0.2561	0.3011	0.3059	0.3041	0.2573

注：针对每一种汇总方法，原始的替代偏差的测算结果都是一张 120×120 的矩阵表，限于篇幅，我们无法将所有原始结果都展示在本书中（如有需要，可向笔者索取）。由于偏差存在下偏和上偏的情形，进一步采用平均绝对偏差 = sum（abs（替代偏差-1））/（120×120），即通过考察替代偏差与不存在替代偏差（数值 1）之差的绝对值的均值，比较各方法的平均偏差大小

从表 5.2 距离分极值和均值的比较可以判断：从距离分最小值的比较看，除 EWGK 法的距离分稍大于 GK 法，其他拓展的 GK 法下的距离分均小于 GK 法；从距离分最大值的比较看，除了 SRK 法和 KS-S 法的距离分要高于 GK 法，其他拓展的 GK 法的距离分均小于 GK 法；从距离分平均值的比较看，除了 SRK 法、KS-S 法和 MPCP 法的距离分要略高于 GK 法，其他方法的距离分均显著低于 GK 法。由此可以判断，相比 GK 法，整体上各国的价格结构更接近于 IDB 法、EWGK 法、Gerardi 法和 SS 法下的国际平均价格，也就是说，这些方法理应可以降低替代偏差。至于其他拓展的 GK 法，还无法通过距离分的比较来直观判断是否可以降低替代偏差，本书将进一步从替代偏差的测度大小进行比较。

（二）来自替代偏差测算结果的比较

从替代偏差的极值和平均绝对离差进行分析。从下偏最小值的测度结果看（表5.2），GK 法的偏差为 0.7625，即该方法最高低估居民实际消费支出 23.75%（佛得角相比缅甸），而 IDB 法、EWGK 法、Gerardi 法、SRK 法、KS-S 法、MPCP 法和 SS 法的相应最小替代偏差分别为 0.8023、0.8130、0.7843、0.7367、0.7287、0.7907 以及 0.7969，分别最高低估居民实际消费支出 19.77%（马尔代夫相比卢森堡）、18.70%（南非相比缅甸）、21.57%（斯洛文尼亚相比马尔代夫）、26.33%（中非相比缅甸）、27.13%（波兰相比中非）、20.93%（中非相比埃及）以及 20.31%（乍得相比马尔代夫）。表 5.2 的结果显示，除了 SRK 法和 KS-S 法进一步增大了替代偏差的下偏程度，其他拓展的 GK 法均显著降低了替代偏差下偏的程度，其中降幅相对最大的是 EWGK 法，其次是 IDB 法和 SS 法，相对最小的是 Gerardi 法和 MPCP 法。

从上偏最大值的测度结果看，GK 法的偏差为 1.3116，即该方法最高高估居民实际消费支出 31.16%（缅甸相比中非），而 IDB 法、EWGK 法、Gerardi 法、SRK 法、KS-S 法、MPCP 法和 SS 法的相应最小替代偏差分别为 1.2465、1.2299、1.2751、1.3575、1.3723、1.2648 以及 1.2549，分别最高低估居民实际消费支出 24.65%（卢森堡相比马尔代夫）、22.99%（老挝相比南非）、27.51%（卢森堡相比马尔代夫）、35.75%（缅甸相比中非）、37.23%（缅甸相比中非）、26.48%（埃及相比中非）以及 25.49%（卢森堡相比蒙古）。结果显示，除了 SRK 法和 KS-S 法进一步增大了替代偏差的上偏程度，其他拓展的 GK 法均显著降低了替代偏差上偏的程度，其中降幅相对最大的是 EWGK 法，其次是 IDB 法和 SS 法，相对最小的是 Gerardi 法和 MPCP 法。

最后从平均绝对偏差的结果看，GK 法和 MPCP 法均为 3.90%，除了 SRK 法（4.67%）和 KS-S 法（4.85%）要高于 GK 法，其他拓展的 GK 法均低于 GK 法，其中 Gerardi 法相对最低（2.94%），相对较低的是 EWGK 法（3.37%）、IDB 法（3.09%）和 SS 法（3.06%），但这四种方法的差距非常接近。

综上分析可知，距离分显示的结果与替代偏差测度的结果基本是一致的，实证结果显示距离分与替代偏差存在正相关关系。这说明，如果我们要继续开发和改进具备可加性的购买力平价汇总方法，关键在于努力降低各国价格结构与国际平均价格向量的差异。在此，我们还可以继续回答拓展的 GK 法是否可以降低替代偏差、哪种方法的替代偏差最低等问题。综合比较，SRK 法和 KS-S 法无法降低替代偏差，其他汇总方法均能在一定程度上降低替代偏差。整体而言，EWGK 法是所有汇总方法中替代偏差相对最小的方法，其次相对较好的方法是 IDB 法、SS 法、Gerardi 法和 MPCP 法。

二、特征性与替代偏差之间是否存在关联性

2005 年轮 ICP 不再使用 GK 法，这主要由于 GK 法存在格申科龙效应，即替代偏差。Nuxoll（1994）指出，GK 法所构建的国际平均价格向量的结构会更多地偏向于发达国家的价格结构，这导致在采用 GK 法的国际平均价格向量时，发展中国家的收入相对会被高估，因此 GK 法可能会低估国家间的收入差距。Hill（2000）给出了类似的观点，并指出一国价格结构与国际平均价格向量的结构差异越大，则该国格申科龙效应的表现会越强。从 GK 法的构造原理可知，这是因为国际平均价格向量采用的权重是数量份额，而一般说来大国或者发达国家消费的数量更多，国际平均价格向量的结构会偏态于大国或发达国家的价格结构（Dikhanov，2010）。可见，要降低 GK 法存在的替代偏差，等价于降低国际平均价格向量与各国价格结构的差异，换言之，就是要提高国际平均价格向量对各国价格模式的代表性，使得国际平均价格向量更能反映各国的价格特征。根据前面对特征性的定义，在构建物量指数时，所用权重应能反映各国的价格特征。这暗含着，提高特征性与降低替代偏差存在内在的一致性。从 MPCP 法和 SS 法的基本原理可知，二者都是试图使得构造的国际平均价格向量尽可能地反映各国的价格结构，希望基于此国际平均价格向量的比较能最大化反映双边比较的特征。因此，MPCP 法和 SS 法试图最大化特征性的出发点，其实与降低替代偏差的内在要求也是一致的。

从替代偏差的测度结果可知（表 5.2），相比 GK 法，MPCP 法可以在一定程度上降低替代偏差，但效果不是十分突出，这或许与前面所述的 MPCP 法的缺点有关系。首先，该方法容易受奇异型价格结构的国家的影响，存在"次中选优"与"求和最优"的平衡问题。其次，该方法受价格结构相似性度量方法的影响，现有测算价格结构相似性的方法众多（Sergeev，2001；Diewert，2009），但 MPCP

法中的价格结构相似性的测度方法是最优的吗？而 SS 法不但相比 GK 法可以显著降低替代偏差，而且在所有汇总方法中也是相对较为优良的。

因此，不论是从理论层面看，还是从本书的研究结果看，均证实了特征性与替代偏差存在关联。在多边价格比较中，可加性与特征性这两条重要指数性质，是可以相互协调、尽可能平衡的。可加性汇总方法还可以通过提高特征性以降低替代偏差，但已有的提高特征性的汇总方法均存在改进的可能。本书上述重要发现或许为可加的汇总方法的发展指明了方向。

三、替代偏差在不同区域是否存在显著差异

在国际经济比较中，参与比较的国家和区域众多，尤其是跨区域的国家之间的经济结构往往存在较大差异，如本章第二节所述，GK 法对发展中国家的影响更大。接下来，本书将就所有满足可加性的 PPP 汇总方法，进一步探究替代偏差在欧盟-OECD 区域和非欧盟-OECD 区域之间是否存在鲜明的差异。这有助于我们加深对可加性方法的理解，也有助于实际应用者选择恰当的方法。结果见表 5.3。

表 5.3　替代偏差的差异比较：欧盟-OECD 经济体与非欧盟-OECD 经济体

	GK	IDB	EWGK	Gerardi	SRK	KS-S	MPCP	SS
D_{20} 以下的欧盟-OECD 经济体个数	15	5	8	5	17	18	13	7
D_{30} 以下的欧盟-OECD 经济体个数	22	8	12	9	23	24	18	10
D_{50} 以下的欧盟-OECD 经济体个数	31	15	17	15	33	32	25	17
欧盟-OECD 经济体平均绝对偏差	0.0288	0.0295	0.0312	0.0251	0.0322	0.0334	0.0282	0.0257
非欧盟-OECD 经济体平均绝对偏差	0.0455	0.0318	0.0353	0.0321	0.0560	0.0582	0.0459	0.0337

（一）来自距离分的比较分析

历年 ICP 数据公布之后，均会引起国际社会对数据可靠性的广泛讨论，一些研究发现 ICP 相对容易高估发展中经济体的收入水平（Almas，2012；杨仲山和谢长，2016；谢长和常坤，2016）。就可加性方法而言，一国价格结构与国际平均价格向量的差异程度直接影响该国实际物量水平测算的准确性。首先从距离函数

来比较各方法下的国际平均价格向量是否向相对发达经济体的价格结构（欧盟-OECD 经济体）倾斜。

从距离分最小的 20 个经济体看，其中 GK 法下的欧盟-OECD 经济体有 15 个，而 SRK 法（17 个）和 KS-S 法（18 个）下的欧盟-OECD 经济体则更多，MPCP 法下的欧盟-OECD 经济体也占据 20 个经济体中的大多数。距离分最小的 20 个经济体的比较显示，SRK 法和 KS-S 法下的国际平均价格向量相对更容易向欧盟-OECD 经济体的价格结构倾斜，其次是 GK 法和 MPCP 法。其他拓展的 GK 法下的欧盟-OECD 经济体并未超过一半，这说明这些方法减弱了价格结构向发达国家倾斜的趋势。

从距离分最小的 30 个经济体看，GK 法中存在 22 个欧盟-OECD 经济体，SRK 法和 KS-S 法中分别包括 23 个和 24 个欧盟-OECD 经济体，MPCP 法中的欧盟-OECD 经济体也占据 30 个经济体中的大多数。距离分最小的 30 个经济体的比较说明，GK 法、SRK 法和 KS-S 法下的国际平均价格向量会相对更容易向欧盟-OECD 经济体的价格结构倾斜，其次是 MPCP 法，而其他拓展的 GK 法也减弱了这种倾斜趋势。

从距离分最小的 50 个经济体看，GK 法（31 个）、SRK 法（33 个）和 KS-S 法（32 个）下的欧盟-OECD 经济体均占据 50 个经济体中的大多数，这说明上述三种方法下的国际平均价格向量相对容易向欧盟-OECD 经济体的价格结构倾斜。而其他方法则减弱了这种倾斜趋势。

综上所述，GK 法、SRK 法、KS-S 法和 MPCP 法下的价格结构相对容易向欧盟-OECD 经济体的价格结构倾斜。由于欧盟-OECD 相比亚太和非洲较为发达，且该区域以发达经济体为主，加之本书所选样本中的经济体大部分属于亚太和非洲地区，因此，如果将国内价格结构与国际平均价格向量差异的影响体现在替代偏差上，上述四种方法对亚太和非洲区域的广大发展中经济体的影响理应更大。

（二）来自替代偏差的比较分析

首先，我们具体对比欧盟-OECD 经济体和非欧盟-OECD 经济体的替代偏差是否存在显著差异，见表 5.3 最后两行。从所有可加性汇总方法看，非欧盟-OECD 经济体的平均绝对偏差均高于欧盟-OECD 经济体。在替代偏差的表现上，上述结果充分说明所有汇总方法对以发展中经济体为主的非欧盟-OECD 区域的影响更大。

其次，再比对不同汇总方法对不同区域的影响差异。从欧盟-OECD 经济体平均绝对偏差的比较看，相比 GK 法（2.88%），只有 Gerardi 法（2.51%）和 SS 法（2.57%）可以降低替代偏差（MPCP 法则几乎相等），而其他汇总方法却不降反增。

而从非欧盟-OECD 经济体平均绝对偏差的比较看，相比 GK 法（4.55%），包括 IDB 法（3.18%）、EWGK 法（3.53%）、Gerardi 法（3.21%）和 SS 法（3.37%）在内的四种方法可以降低替代偏差（MPCP 法同样几乎相等），其他汇总方法亦是不降反增。此外，IDB 法、EWGK 法、Gerardi 法和 SS 法对不同区域的影响相对较为接近，其他方法不仅对非欧盟-OECD 经济体的影响较大，而且在欧盟-OECD 区域和非欧盟-OECD 区域之间的差异更大，这一发现与前面的分析一致。

通过本节第三部分的讨论可知，从对欧盟-OECD 经济体和非欧盟-OECD 经济体的影响差异看，IDB 法、EWGK 法、Gerardi 法和 SS 法不仅可以更好地降低不同区域的替代偏差，而且在不同区域替代偏差的差异也较小，这说明这四种方法相对较优，这一结论与本节第一部分得出的结论是基本一致的。

第六节　本章小结

在国际价格和物量比较中，存在一类满足可加性的基本类以上水平价格汇总方法，然而已有研究主要关注世界银行 ICP 用过的 GK 法和 IDB 法，对其他方法的方法论机理关注较少，尤其是实践中面对这类方法应如何选择，并无明确的认识依据能给予指导。本章详细探讨了八种满足可加性的汇总方法的方法论机理、理论优缺点，并重点从替代偏差的角度，首次全面地测度与比较了这些方法的替代偏差，综合比较了替代偏差在欧盟-OECD 经济体和非欧盟-OECD 经济体间的差异性，本章的研究为这类方法的应用提供了全新的认识。

第六章 基本类以上水平汇总方法的改进：MBC 法的提出

在国际经济比较中，可加性和特征性是多边价格指数汇总方法应该具有的重要性质，而 ICP 所用过的所有汇总方法均不兼具这两条性质。为进一步改进当前汇总方法，基于第五章的重要理论认识与研究结论：可加性与特征性可以相互协调、提高特征性与降低替代偏差存在内在一致性。本章将根据特征性的定义，在深入分析已有的几种满足特征性或最大化特征性的方法不足的基础上，借鉴 GEKS 法通过逼近 Fisher 指数以满足特征性的方式，最终基于用一个非线性最优化过程逼近 Fisher 指数的视角，构建了一种最大化特征性的多边价格指数汇总方法——MBC 法。实例分析充分说明，MBC 法相比当前八种满足可加性的汇总方法，在降低替代偏差的效果上相对较优。MBC 法结合了 GEKS 法的特征性和 GK 法的可加性优点，且能降低替代偏差，因此可以改变由于购买力平价使用目的不同需要选择不同的汇总方法这一现状。

本章结构安排如下：第一节介绍官方比较方法的现实困境，强调本章研究的重要意义；第二节探讨已有的几种满足特征性的多边价格指数汇总方法，包括 GEKS 法的最小二乘原理、MST 法和 MD 法的基本原理，重点介绍这些方法实现特征性的方式、探讨方法的不足；第三节介绍本章所构建的新的汇总方法的逻辑思路，本节将借鉴 GEKS 法实现特征性的方式，从一个新的视角构建一种满足可加性又最大化特征性的多边价格指数汇总方法——MBC 法；第四节通过一个实例分析 MBC 法在所有满足可加性的汇总方法中，在降低替代偏差的表现上相对较优，同时进一步总结 MBC 法的理论优势与应用优势；第五节是本章小结。

第一节 官方比较方法的现实困境

一般来说，理想的多边价格指数汇总方法需要满足矩阵一致性，一般也将其视为可加性、传递性、基国不变性、特征性等重要指数理论性质。然而，并没有某一种汇总方法完全满足上述所有性质，如现行 ICP 采用的基本类以上水平价格汇总方法——GEKS 法并不满足可加性这一重要性质，因此该方法计算的汇总数据及其子类的加总值存在巨大的数据缺口,无法进行实际经济结构分析;与此同时,ICP 曾经用过的具备可加性的价格汇总方法——GK 法和 IDB 法又不满足特征性的要求,并不是进行总量层次比较的理想方法。可见,官方所用的方法在可加性与特征性上存在难以兼顾的现实困境。使得多边价格指数汇总方法具备更多的优良指数理论性质,这不仅是对方法本身的要求,还对提高购买力平价数据质量,尤其是提升各国对 ICP 数据结果的可信度意义重大。

为了结合 GK 法和 GEKS 法的各自优点,本章将在已有的几种满足特征性或者最大化特征性的方法不足的基础上,进一步提出一种新的多边价格指数汇总方法。与已有研究相比,本章研究主要有两点贡献:①在方法改进层面。从特征性的定义出发,本章借鉴 GEKS 法通过逼近 Fisher 指数以满足特征性的方式,最终基于采用一个非线性最优化过程逼近 Fisher 指数的视角,构建了一种满足可加性又最大化特征性的多边价格指数汇总方法——MBC 法,新的价格汇总方法将比 ICP 所用过的方法具备更多优良指数理论性质;②在经验研究层面。本章又对比分析了 MBC 法与其他八种可加性汇总方法在替代偏差上的表现,在有多种可加性汇总方法可供使用时,本章的实证研究有助于实际应用者选择相对较优的方法。

第二节 已有满足特征性的汇总方法探析

除了第五章介绍的两种试图最大化特征性的 MPCP 法和 SS 法,主要还存在三种最大化特征性的多边价格指数汇总方法——GEKS 法、MST 法和 MD 法。本节将深入阐述这些方法实现特征性的背后原理,总结上述五种方法的不足,以引出本章所构建方法的逻辑出发点。

一、GEKS 法的最小二乘原理

不同于第二章所述的 GEKS 法的基本原理,GEKS 法还可以基于随机法的视角或者最小二乘原理进行构造。基于最小二乘原理,可以更加清楚地把握 GEKS 法实现特征性的本质所在。

在多边比较中,GEKS 法是以双边 Fisher 指数为基础,通过对最终的 Fisher 指数比较结果施加传递性约束条件,从而构造多边比较方法。GEKS 法的逻辑出发点是各国之间使用 Fisher 指数计算的双边价格比较矩阵:

$$F_{M\times M} = \begin{bmatrix} F_{11} & F_{12} & . & . & F_{1M} \\ F_{21} & F_{22} & . & . & F_{2M} \\ . & . & . & & . \\ . & . & & . & . \\ F_{M1} & F_{M2} & . & . & F_{MM} \end{bmatrix} \quad (6.1)$$

在式（6.1）中，假定参与比较的国家有 M 个，F_{jk} 为 j、k 两国之间使用 Fisher 指数所计算的购买力平价。由于 Fisher 指数并不满足多边比较中所要求的传递性，这将导致式（6.1）中的矩阵存在内部不一致性。GEKS 法的核心思想是通过对上述矩阵进行转换，以获得一个新的比较矩阵：

$$\text{PPP}_{M\times M} = \begin{bmatrix} \text{PPP}_{11} & \text{PPP}_{12} & . & . & \text{PPP}_{1M} \\ \text{PPP}_{21} & \text{PPP}_{22} & . & . & \text{PPP}_{2M} \\ . & . & . & & . \\ . & . & & . & . \\ \text{PPP}_{M1} & \text{PPP}_{M2} & . & . & \text{PPP}_{MM} \end{bmatrix} \quad (6.2)$$

在这个新的矩阵中，各国间的购买力平价（PPP_{jk}）将满足传递性的要求，同时还在整体上尽可能小地偏离 Fisher 指数，因此 GEKS 法又最大限度地保留了双边比较的特征。GEKS 法要实现特征性和获取传递性，可以通过式（6.3）的目标方程和式（6.4）的约束条件达成。

目标函数是一个最小化离差平方和：

$$\min\left\{\sum_{j=1}^{M}\sum_{k=1}^{M}(\ln \text{PPP}_{jk} - \ln F_{jk})^2\right\} \quad (6.3)$$

获取传递性的约束条件：

$$\text{PPP}_{jk} = \text{PPP}_{jl} \cdot \text{PPP}_{lk}, \quad \forall j, l, k \in (1, 2, \cdots, M) \quad (6.4)$$

尽管上述最优化问题难以求解，但对约束条件进行适当变形，可以使得待求解的问题简单化。Rao（2001）给出了满足传递性的充要条件，即存在 M 个实数 $\Pi_1, \Pi_2, \cdots, \Pi_M$，使得如下关系式成立：

$$\ln \text{PPP}_{jk} = \Pi_k - \Pi_j \quad (6.5)$$

将上述确保传递性的等价约束条件代入目标方程，此时的最优化问题简化为求解以下目标方程的解：$\Pi_1, \Pi_2, \cdots, \Pi_M$。

$$\min\left\{\sum_{j=1}^{M}\sum_{k=1}^{M}(\Pi_k - \Pi_j - \ln F_{jk})^2\right\} \quad (6.6)$$

通过计算各未知参数的一阶条件，可计算得到上述目标方程的解 $\hat{\Pi}_j$（$j = 1, 2, \cdots, M$）。此时，即可计算得到两国之间的购买力平价：

$$\text{PPP}_{jk} = \frac{\exp(\hat{\Pi}_k)}{\exp(\hat{\Pi}_j)} = \prod_{l=1}^{M}[F_{jl} \cdot F_{lk}]^{1/M} \tag{6.7}$$

进一步考察方程式（6.6）可知，很显然，$\hat{\Pi}_j$（$j=1,2,\cdots,M$）等价于以下回归模型的 OLS 估计量：

$$\ln F_{jk} = \Pi_k - \Pi_j + u_{jk}, \quad E(u_{jk}) = 0; \quad v(u_{jk}) = \sigma^2 \tag{6.8}$$

GEKS 法的最小二乘原理隐含的实质是：一方面，通过约束条件，这不仅使得 Fisher 指数具有传递性；另一方面，目标函数使得多边比较下的整体结果最小化偏离于 Fisher 指数，因此，这一处理方式符合特征性的定义：最大限度地保持了双边比较的特征，亦或最大限度地降低了多边比较对直接双边比较的扭曲。

二、MST 法的基本原理

在双边比较中，Fisher 指数被认为是最接近未知真值的理想指数。而在多边比较中，GEKS 法选择每一国家作为基准国或者桥梁国，两国间的比较结果通过与桥梁国的 Fisher 指数比较结果再取几何平均，以实现传递性。由于每一个国家在 GEKS 法中的地位是均等的，因此 GEKS 法被视为是民主的方法（World Bank，2013）。然而，并不是所有双边比较结果都是同等精确的，或者是同误差的。一般而言，当两国的相对价格结构更相近时，Paasche 指数和 Laspeyres 指数更为接近，在此情形下，Fisher 理想指数也更接近未知真值。相反，两国的相对价格结构差异越大，Paasche 指数和 Laspeyres 指数的差异越大，这样，Fisher 指数也就离未知真值越远。

因此，在多边比较中，当基于 Fisher 指数获得具备传递性的多边比较结果时，最好赋予每个 Fisher 指数不同的权重，即不应该对每对双边比较结果同等处理。Hill（1999a）基于图论的思想构建了 MST 法。该方法是在一个图（这在 MST 法中也称为树）中，通过唯一的路径将任意两国链接起来，路径中的每一个线段代表了一个双边比较结果（Fisher 指数），当同一线段存在于更多的路径中时，说明这条线段中的两国价格结构更为相似，该线段所反映的双边比较结果更接近未知真值，该 Fisher 指数在 MST 法中所发挥的作用更大，亦或权重更高。MST 法就是要构建一个最合适的图，将所有国家链接起来。任意两国之间的比较都可以通过图中的唯一一条路径中的各个国家链接起来，使用的指数是 Fisher 指数，而这个图通过一个求解最小间隔距离的最优化问题进行识别。MST 法构建最优树的具体特征如下。

（1）MST 法首先需要构建间隔树。间隔树是一张覆盖所有国家的图，在该图中，图中所有点代表各个国家，各点之间用一条线链接起来。需要强调的是，在间隔树中，与任意两点而言，当且存在唯一的一条路径将两点链接起来。这说明，间隔树中不存在循环。当存在 M 个比较的国家时，可通过 $M-1$ 个边（线段）构建 M^{M-2} 棵不同的间隔树。以五个国家为例，可以构建如图 6.1 的三棵间隔树。

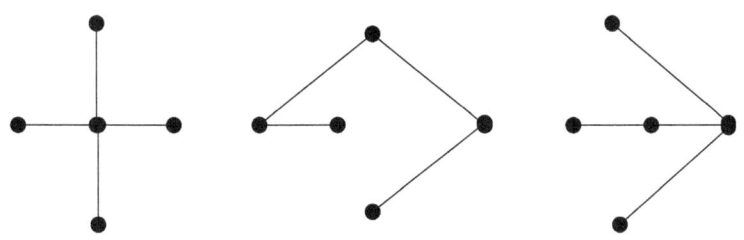

图 6.1 以五个国家为例的间隔树

（2）构造一个距离函数 $d(j,k)$ 作为链接两国 j 和 k 的权重。Hill 提出使用 Paasche-Laspeyres 距离（LPS）作为两国间距离的函数。如果采用 Paasche 价格指数和 Laspeyres 价格指数构建 PLS，则 PLS 代表反映两国价格结构相似性的指标。LPS 距离函数如下：

$$d_{jk} = \left| \ln\left(\frac{L_{jk}}{P_{jk}}\right) \right| \quad (6.9)$$

式中，L_{jk} 和 P_{jk} 分别表示 Laspeyres 指数和 Paasche 指数。

如果链接两国的路径中包括多条线段，那么这两国的距离等于所有线段代表的权重之和。当存在 M 个比较的国家时，间隔树中包括了 $M(M-1)/2$ 个双边比较结果，因此可以获得 $M(M-1)/2$ 个距离值。而且两国间的距离值越小，则比较的结果越可靠。

（3）识别最小间隔树。Hill 建议从 M^{M-2} 棵树中挑选最优的一棵：即识别距离和最小的那棵树。

在识别出最优树之后，两国之间的比较结果都可以通过路径中的国家进行链接，这样就可以将这些国家间的双边比较结果（Fisher 指数）过渡到多边比较。MST 法中两国之间的比较结果仅受路径中国家的影响，因此 MST 法可以最大化特征性。

三、MD 法的基本原理

然而，MST 法是从整体的角度保证比较的结果是最优的，但无法保证每一对国家比较的结果都是最优的。为使得所有 $M(M-1)/2$ 对双边比较的距离都最小，Rao等（2010）提出MD法。同样定义类似的价格结构相似性函数或者是距离函数d_{jk}，MD法需要找到每一对国家比较的最优路径。假定$\{i_1,i_2,\cdots,i_p\}$是$\{1,2,\cdots,M\}$的一个子集，而且该子集定义了j国和k国的一个比较路径与路径中的国家顺序。那么链接j国和k国的路径距离如下：

$$d_{jk} = d_{ji_1} + \sum_{l=1}^{P-1} d_{i_l i_{l+1}} + d_{i_p k} \qquad (6.10)$$

然而链接j国和k国的路径非常多，即只要改变子集$\{i_1,i_2,\cdots,i_p\}$，又可以得到一个新的链接路径。MD法的核心思想就是，在诸多路径中识别出一条最优的，即找到一条最小距离的路径，这等价于实现以下最优化问题：

$$\text{Min}(d_{jk}) = \text{Min}\left\{d_{ji_1} + \sum_{l=1}^{P-1} d_{i_l i_{l+1}} + d_{i_p k}\right\} \qquad (6.11)$$

在识别出最优路径之后，即可基于Fisher指数求解两国的价格比较结果。在此，将双边比较下的购买力平价定义为$\text{MD}_{jk}(\text{Fisher})$：

$$\text{MD}_{jk}(\text{Fisher}) = F_{ji_1} \cdot \left[\prod_{l=1}^{P-1} F_{i_l i_{l+1}}\right] \cdot F_{i_p k} \qquad (6.12)$$

类似地，可以识别出所有配对国家的最优路径，并求得最优路径下如式（6.12）的比较结果。但由于$\text{MD}_{jk}(\text{Fisher})$不满足传递性，为此，可以使用GEKS法过程实现传递性。

四、评述

根据前面的介绍可知，在多边价格汇总方法中，主要存在五种最大化特征性的汇总方法。各方法各有优劣，总结如下。

（1）MPCP法和SS法满足可加性，这两种方法下的比较结果适合作实际经济结构分析。正如第五章得出的重要结论——提高特征性与降低替代偏差存在内在的一致性。但是MPCP法和SS法在实际中是否真能最大限度地提高特征性，或者是在降低替代偏差的效果上，或许并不如理论预期那么理想，原因如下。

根据方法的构造原理，进一步思考可以发现，MPCP法易受价格结构为奇异型[①]的国家的影响。一种极端的情形是，当MPCP法最优化问题识别的国际平均价格向量π是最大化地反映某一奇异型价格结构的国家价格，但该π相比其他形

---

① 奇异型价格结构可以解释为，在计算所有国家的价格结构时，如果将反映所有国家的价格结构值绘制成一个散点图，图中会出现明显的异常值，那些异常值所对应的国家则是价格结构为奇异型的国家。

式的 π 又无法最大限度地反映其他国家的价格结构时，最优化问题下 π 的结构将直接取决于价格结构为奇异型的国家。因此，MPCP 法无法最大限度地反映大部分国家的价格与数量特征，基于此国际平均价格进行的国际经济比较对大部分国家而言，可能并不能降低替代偏差，格申科龙效应的表现或许相比 GK 法会更强。另一个重要问题是，现有测算价格结构相似性的方法众多（Sergeev, 2001; Diewert, 2009），显然 MPCP 法结果的准确性还直接受限于价格结构相似性计算方法的合理性。然而，关于价格结构相似性的测算问题，目前还未在学术界达成统一意见。同理，SS 法的劣势也在于用于反映两国价格结构特征的指标——标准化结构是否能准确反映两国的特征。

（2）GEKS 法、MST 法和 MD 法都属于链式方法，理论上可以最大化特征性，且一般认为这些方法不存在替代偏差。但这些方法都存在一个结构性的矛盾：采用这些方法计算的实际支出总量指标与各子类指标之和不等价，即不满足可加性，因此上述方法并不适用于实际经济结构分析。另外，GEKS 法对两国之间的比较，采用与其他所有国家一一进行链接，再取几何平均值。很显然，在 GEKS 法中，每一对国家链接的方式都存在 M 条（假定比较的国家是 M 个）路径。这表明 GEKS 法并未找到最优的比较路径，因此在实际中 GEKS 法是否真可以最大化特征性也将大打折扣。而 MST 法和 MD 法的一个共同不足是，受限于价格结构相似指标或者距离函数的影响，当采用的距离函数不同时，这两种方法的比较结果可能会发生很大的变化，并不稳健。

第三节　MBC 法的基本逻辑

本节将构建一种满足更多优良性质的汇总方法，新的方法相比 GEKS 法、MST 法和 MD 法将具备可加性，同时相比 MPCP 法和 SS 法在提高特征性的理论效果上会更优。

一、MBC 法的逻辑出发点

从特征性的定义出发，特征性要求两国之间的比较（无论是价格比较还是物量比较）只取决于两国的数量和价格数据，显然，直接双边比较满足特征性的要求（Kravis et al., 1975）。ICP2011 官方手册指出，为了保持传递性，双边比较结果必然会受到其他国家价格和数量数据的影响，在此情形下，多边比较会扭曲直接双边比较的结果，而特征性就是要消除或减弱这种扭曲程度，这不仅是 GEKS 法得以衍生的原因之一，也是当前 ICP 选择 GEKS 法作为区域和全球价格汇总方法的原因（World Bank，2013）。在过去的 20 多年，GEKS 法也是欧盟-OECD-PPP 项目所偏爱的官方物量比较方法，其中一个主要原因就是 GEKS 法具备特征性（OECD，2012）。从 GEKS 法的构造原理看，GEKS 法是采取对 Fisher 指数几何平均的形式。换角度理解，GEKS 法满足特征性是因为该方法又可以采用最小二乘法来推导，这可以保证 GEKS 法下的间接双边比较是最逼近于 Fisher 指数的（Rao，2001；OECD，2012）。

基于上述讨论，满足可加性的 MPCP 法和 SS 法试图提高特征性的理论出发点虽好，但鉴于二者在实际效果上可能并不稳健，因此本书试图从新的视角提高特征性。本书尝试基于特征性的定义，借鉴 GEKS 法以 Fisher 指数为基准，但不同于 GEKS 法采用最小二乘法的逼近方式，本书的视角是通过一个非线性最优化逼近过程，以保证多边比较尽可能地逼近双边最优指数——Fisher 物量指数。采用 Fisher 物量指数主要是出于以下三点考虑。

（1）Fisher 物量指数采取对 Laspeyres 指数和 Paasche 指数的几何平均，而这两个指数分别以基准国和非基准国的价格为权重，因此 Fisher 指数同时考虑了两国的价格特征。所以，采用逼近于 Fisher 指数的汇总方法可以尽可能保留 Fisher 指数的优良性质，从而降低多边比较对直接双边比较的扭曲程度，这符合特征性的定义，也符合前面论述的降低替代偏差的内在要求。

（2）世界银行和欧盟-OECD 等官方组织所采纳的 GEKS 法满足特征性，其根本原因在于，GEKS 法是通过最小二乘法的形式，使得多边比较结果尽可能地逼近 Fisher 指数，从而最大限度地降低多边比较的失真程度。换言之，GEKS 法是最大限度地降低对双边比较的扭曲程度。因此，我们也将借鉴 GEKS 法选择 Fisher 指数作为本书所构建方法的出发点，只不过本书逼近 Fisher 指数的形式是通过一个最优化过程。

（3）多边比较要尽可能满足双边比较的特征，随即而来的问题是，在存在众多双边指数时，何种双边比较才能较好地代表两国的价格特征或者数量特征？也就是说要选择一个比较的基准。鉴于 Fisher 物量指数同时采用两国价格为权重，Laspeyres 指数和 Paasche 指数被认为是未知真值所在区间的两个端点，故 Fisher 指数采用对二者的平均值，这通常被认为是最接近未知真值的估计。Fisher 指数在实践层面已被证明是一种理想的双边指数。这也是在 ICP 的前三轮双边比较中，Fisher 指数也被来自宾夕法尼亚大学的专家组所青睐的原因（Kravis et al.，1975，1978，1982）。

综上考虑，本章选择 Fisher 指数为逻辑出发点，从一个新的视角提出一种满足可加性又最大化特征性的多边价格指数汇总方法，而且要求严格按照特征性的定义来构建。

二、MBC 法的构建思路

本书从物量角度出发，不同于 MPCP 法和 SS 法是从价格结构的角度，这恰恰是为了克服前面提到的 MPCP 法和 SS 法的可能缺陷。如前所述，既然提高特征性与降低替代偏差存在内在的一致性，故理论上说，从物量角度提高特征性的方式，同 MPCP 法和 SS 法提高特征性的方式均能降低替代偏差（后面将进一步阐述这一问题，实证分析部分也将证明该结论）。本书所构建方法的基本思想又类似于 MPCP 法的最优化问题，我们的工作就是要识别一个国际平均价格向量，使得基于该国际平均价格下的比较最逼近 Fisher 物量指数。本书所构建方法的具体逻辑如下。

首先，需要构建在某一国际平均价格向量 π 下，j 国和 k 国双边物量指数与 Fisher 物量指数之比 $Q_{kj}^{F,EGK}$，EGK 法①下的两国双边物量指数 Q_{kj}^{EGK}、Fisher 物量指数 Q_{kj}^{F} 及 $Q_{kj}^{F,EGK}$ 的定义依次如下：

$$Q_{kj}^{EGK} = \frac{\sum_{i=1}^{I} \pi_i q_{ij}}{\sum_{i=1}^{I} \pi_i q_{ik}} \tag{6.13}$$

$$Q_{kj}^{F} = \sqrt{\frac{\sum_{i=1}^{I} p_{ik} q_{ij}}{\sum_{i=1}^{I} p_{ik} q_{ik}} \cdot \frac{\sum_{i=1}^{I} p_{ij} q_{ij}}{\sum_{i=1}^{I} p_{ij} q_{ik}}} \tag{6.14}$$

$$Q_{kj}^{F,EGK} = \frac{Q_{kj}^{EGK}}{Q_{kj}^{F}} \tag{6.15}$$

因此，于两国而言，上述 $Q_{kj}^{F,EGK}$ 被认为是 EGK 法反映两国直接双边比较的特征程度。显然，该值越接近 1，则说明 EGK 法下的比较越能反映 k 国和 j 国双边比较的特征。进一步地，如果设 EGK 法下双边比较的结果与 Fisher 指数的偏差为 μ_{kj}：

$$\mu_{kj} = |Q_{kj}^{F,EGK} - 1| \tag{6.16}$$

在此，衡量反映特征性程度的准则发生了变化，μ_{kj} 越接近 0，代表基于 EGK 法下的比较越能反映双边比较的特征（μ_{kj} 反映的仅仅是两国的双边特征）。如果再将 EGK 法下所有双边比较的结果与 Fisher 指数的偏差置于一个 $J \times J$ 的矩阵 μ：

---

① 本书称除了 GK 法外的所有可加性方法为拓展的 GK（extended GK，EGK）法。

$$\mu = (\mu_1, \mu_2, \cdots, \mu_j, \cdots, \mu_J) \tag{6.17}$$

那么在该矩阵中，μ_j 为一个 J 列的向量。对于 j 国而言，存在 J 个间接双边比较结果，那么在此 π 能反映 j 国所有双边比较特征的程度则是 μ_j 的最大值 $\max(\mu_j)$，而不是最小值。进一步地，当 j 是从 1 变化到 J 时，π 能反映所有国家双边比较特征的程度应该被定义为所有 $\max(\mu_j)$ $(j=1,2,\cdots,J)$ 的最大值，或者是整个矩阵 μ 中的最大值，而不是最小值。本书定义 $\mu_{\max}$：

$$\mu_{\max} = \max(\mu_1, \mu_2, \cdots, \mu_J) = \max(\mu) \tag{6.18}$$

因此，只要给定一个 π，则可以求得一个对应 π 下的 $\mu_{\max}$ 值，在不同的 π 下可以求得不同的 $\mu_{\max}$ 值。最后，就是要识别一个国际平均价格向量 π 能最大化特征性，即需要找到一个最优的 π，使得该 π 下计算的 $\mu_{\max}$ 值是其他所有 π 下相应 $\mu_{\max}$ 值中最小的，这等价于该最优 π 下的比较是最逼近 Fisher 物量指数的。推导至此，我们的最终问题可归于求解以下最优化问题：

$$\min_{\pi}(\max \mu_j) = \min\left\{\max\left(\left|\frac{\sum_{i=1}^{I}\pi_i q_{ij}}{\sum_{i=1}^{I}\pi_i q_{ik}}\middle/\sqrt{\frac{\sum_{i=1}^{I}p_{ik}q_{ij}}{\sum_{i=1}^{I}p_{ik}q_{ik}} \cdot \frac{\sum_{i=1}^{I}p_{ij}q_{ij}}{\sum_{i=1}^{I}p_{ij}q_{ik}}} - 1\right|\right)\right\}$$

$$\text{s.t.} \pi_i > 0, \quad i=1,2,\cdots,I; j=1,2,\cdots,J$$

$$\tag{6.19}$$

在此进一步总结 MBC 法需要区分三个重要概念。μ_{kj} 是反映两国特征程度的指标，在只有两国比较时，该指标自然是越小越好。而反映一国所有双边比较特征程度的指标和 EGK 法能反映所有双边比较特征程度的指标都可以理解成是综合指标，因此这两个指标必须依次是向量 μ_j 和矩阵 μ 的最大值。最后，MBC 法就是要使得反映所有国家、所有双边比较特征程度的指标（即综合指标）最小。故 MBC 法的最优化问题式（6.19）是一个先最大化后最小化的过程。通过与 MPCP 法的比较可以发现，其实 MBC 法的构建思路与 MPCP 法有异曲同工之处，主要差别在于 MPCP 法是从价格结构相似性这一指标着手，最终 MPCP 法也是关于极值指标的最优化问题。

显然，当 π 是式（6.19）最优化问题的一个解向量时，π 的任意常数倍值 $\lambda\pi$ 也是式（6.19）的一个解向量。因此，要求得唯一解，我们需要选定一个商品作为基准，使得该商品对应在 π 中的值为 1，则 π 中其他商品的价格均是该基准商品的相对价格，而且唯一解不会受基准商品选择的影响。式（6.19）结合式（6.20）的购买力平价计算公式构成了本章所构建方法的基本表达式。

$$\text{PPP}_j = \frac{\sum_{i=1}^{I} p_{ij} q_{ij}}{\sum_{i=1}^{I} \pi_i q_{ij}} \qquad (6.20)$$

根据方法的构建思路，本书称该方法为 MBC 法。

至此，第五章测度替代偏差的标准与 MBC 法衡量特征性的标准是一致的，进一步说明提高特征性与降低替代偏差是一致的。从替代偏差的角度看，MBC 法实则就是使得替代偏差最小化，或者最大限度地降低格申科龙效应。

通过 MBC 法的构建思路，在此进一步强调该方法的理论优点：MBC 法不仅具备传递性、基国不变性，还具备 GEKS 法不具有的可加性，同时还类似于 GEKS 法最大限度地保留了特征性，可见 MBC 法具备了更多优良性质。MBC 法借鉴了 GEKS 法直接逼近 Fisher 指数的方式，在 MPCP 法和 SS 法提高特征性的效果并不稳健时，因此理论上说，MBC 法相比 MPCP 法和 SS 法提高特征性的效果要更好。无论与 ICP 使用过的 GK 法、GEKS 法相比，还是与试图提高特征性的 MPCP 法、SS 法、MST 法和 MD 法相比，MBC 法都具备天然的理论优势。从实践层面看，MBC 法不仅适用于各国实际物量水平的比较，还可以用作 GDP 及其子类支出的结构分析，我们不再需要根据购买力平价的不同使用目的来选择不同的汇总方法。

三、MBC 法的求解

关于 MBC 法最优化问题的求解，可以采用 Hooke-Jeeves 法或者 Nelder-Mead 法，当需要求解的未知变量 π_i 非常多时（即商品数量较多），Nelder-Mead 法是实际计算中较为偏好的方法。此外，还可以结合 GK 法采用迭代法进行求解。

（1）给定一个初始购买力平价向量 $\text{PPP} = (\text{PPP}_1, \text{PPP}_2, \cdots, \text{PPP}_J)$。

（2）采用 GK 法中的国际平均价格向量的计算公式：

$$\pi_i = \sum_{j=1}^{J} \frac{p_{ij}}{\text{PPP}_j} \cdot \frac{q_{ij}}{\sum_{j=1}^{J} q_{ij}} \qquad (6.21)$$

然后将初始 PPP 代入式（6.21），计算得到第一个国际平均向量 π，接下来将 π 代入式（6.20）计算得到新的 PPP 向量，将新的 PPP 向量再代入式（6.21）得到第二个国际平均价格向量。随后将上述第一次和第二次求得的 π 代入式（6.19）求解最优化问题，然后依次重复上述迭代过程，将每一次求得的 π 与之前所有 π 代入式（6.19）求解最优化问题，当相邻两次求解最优化问题的值收敛于某一精度时，迭代停止，最后一次求得的 π 即为式（6.19）最优化问题的解。迭代求解法的效率直接受限于初始 PPP 向量的选择。

第四节　实例分析与方法比较总结

本节将采用第五章的数据测算 MBC 法的替代偏差，同时与其他满足可加性的汇总方法进行比较，分析 MBC 法在降低替代偏差的效果上是否有其相对优势。本节对 MBC 法的求解采用 Nelder-Mead 法。此外，本节还将进一步总结 MBC 法的优点。

一、MBC 法在降低替代偏差上相对较优

表 6.1 给出了包括 MBC 法在内的九种满足可加性的汇总方法替代偏差的比较结果，可以从不同角度比较各方法替代偏差的大小，进而可以为实际应用者在方法的选择上提供参考。通过比较，本节还得出了几点颇有意义的结论。

表 6.1　各种满足可加性的 PPP 汇总方法替代偏差的比较结果

偏差	GK	IDB	EWGK	Gerardi	SRK	KS-S	MPCP	SS	MBC
下偏最小值	0.7625	0.8023	0.8130	0.7843	0.7367	0.7287	0.7907	0.7969	0.8329
上偏最大值	1.3116	1.2465	1.2299	1.2751	1.3575	1.3723	1.2648	1.2549	1.2006

注：针对每一种多边价格指数汇总方法，原始的替代偏差测算结果均是一张 120×120 的矩阵表，限于篇幅，我们无法将所有原始结果都展示在此（如有需要，可向笔者索取）。由于偏差存在下偏和上偏的情形，我们进一步采用平均绝对偏差 = sum（abs（替代偏差-1））/（120×120），即通过考察替代偏差与不存在替代偏差（数值 1）之差的绝对值的均值，比较各方法的平均偏差

我们从替代偏差的极值进行分析[①]。从下偏最小值的测度结果看，GK 法的偏

[①] 从 MBC 法构建反映特征性的指标看，该指标是一个极值指标，MBC 法中最终的非线性最优化过程也是一个关于极值的最优化问题。因此，从提高特征性程度或者是替代偏差大小来比较各方法优劣时，我们也应该从两个极值进行分析，以保持这种逻辑上的一致性。另外，从第五章替代偏差的均值指标可以发现，大部分方法间的差异在 1% 以下，不同方法的平均替代偏差差异微乎其微，在一些方法中进行权衡时，难以通过平均替代偏差的大小严格地进行优劣比较。如果从平均替代偏差的比较看，在实践应用方法时，选择何种方法可能影响并不大。但实则不然，结合第五章和本章替代偏差的极值比较分析结论，说明在使用方法时，应该透过整体看内部，不要被总体表面现象所蒙蔽。不同方法在具体到某些国家时，可能替代偏差的差异非常大，尤其是当比较的国家众多且国家间经济结构差异较大时，更要注意替代偏差内部差异性的存在，切莫受"被平均"结论的影响。

差为 0.7625，即该方法最高低估居民实际消费支出 23.75%①，而 IDB 法、EWGK 法、Gerardi 法、SRK 法、KS-S 法、MPCP 法、SS 法和 MBC 法的相应最小替代偏差分别为 0.8023、0.8130、0.7843、0.7367、0.7287、0.7907、0.7969 和 0.8329，分别最高低估居民实际消费支出 19.77%、18.70%、21.57%、26.33%、27.13%、20.93%、20.31%和 16.71%。结果显示，除了 SRK 法和 KS-S 法进一步增大了替代偏差的下偏程度，其他拓展的 GK 法均显著降低了替代偏差的下偏程度，其中降幅相对最大的是 MBC 法，其次是 EWGK 法和 IDB 法，相对最小的是 SS 法、Gerardi 法和 MPCP 法。从下偏最小值的比较最终发现，MBC 法是最优的。

从上偏最大值的测度结果看，GK 法的偏差为 1.3116，即该方法最高高估居民实际消费支出 31.16%，而 IDB 法、EWGK 法、Gerardi 法、SRK 法、KS-S 法、MPCP 法、SS 法和 MBC 法的相应最小替代偏差分别为 1.2465、1.2299、1.2751、1.3575、1.3723、1.2648、1.2549 和 1.2006，分别最高低估居民实际消费支出 24.65%、22.99%、27.51%、35.75%、37.23%、26.48%、25.49%和 20.06%。结果显示，除了 SRK 法和 KS-S 法进一步增大了替代偏差的上偏程度，其他拓展的 GK 法均显著降低了替代偏差的上偏程度，其中降幅相对最大的是 MBC 法，其次是 EWGK 法、IDB 法和 SS 法，相对最小的是 Gerardi 法和 MPCP 法。从上偏最大值的比较发现，MBC 法同样最优。

综上讨论可知，在降低替代偏差的效果上，本书提出的 MBC 法在所有具备可加性的方法中是最优的。MBC 法相比 MPCP 法和 SS 法在提高特征性的实际效果上相对较好，这一结论证实了本书提出 MBC 法思路的合理性，同时验证了具备可加性的汇总方法提高特征性与降低替代偏差是一致的，这或许为方法的改进指明了方向。

二、MBC 法优点总结

通过 MBC 法的构建思路与替代偏差的测算结果，本节进一步总结 MBC 法的理论优势与应用优点。

（1）MBC 法通过最小偏离于 Fisher 理想物量指数的方式，最大限度地实现双边比较结果的特征性，结合了 GK 法的可加性与 GEKS 法的特征性。MBC 法将具备 ICP 最为看重的传递性、基国不变性、可加性和特征性等重要优良性质。与 ICP 用过的所有价格汇总方法相比，MBC 法将具备更多优良性质，且能最大限度地降低替代偏差，因此该方法不仅适合于实际物量比较，也能用作实际经济结构分析。

---

①这里的高估是指在采用 GK 法时，某一经济体相比另一经济体的实际物量水平同 Fisher 物量指数相比的高估程度。

在以往 ICP 和欧盟-OECD-PPP 项目需要根据购买力平价使用目的不同来选择不同的汇总方法时，MBC 法可以避免由于汇总方法不同所导致的比较结果非一致的情形。

（2）与其他最大化特征性的 MPCP 法、SS 法、MST 法和 MD 法均受价格结构相似性度量方法的影响相比，这些方法的比较结果并不稳健。而 MBC 法是采取直接逼近 Fisher 指数的方式，最小化其他国家对双边比较的影响，因此 MBC 法在提高特征性上将更为稳健。此外，相比 MST 法和 MD 法，MBC 法还具备可加性的理论优势。

（3）由于 MBC 法是基于 Fisher 指数构建的，而且测度替代偏差的基准指数也是 Fisher 指数，故如果在经济结构较为接近的国家间比较，或者是在 ICP 各区域内部比较，则 Fisher 指数将更为接近未知真值，这样 MBC 法的比较结果也将更为准确。因此，在经济结构差异不大的国家间进行比较时，MBC 法更能凸显出其不仅适合作为物量比较的方法，而且适合作为实际经济结构比较的方法这一理论优势。

第五节　本章小结

购买力平价法是进行各国实际物量比较最科学的方法，理想的价格指数汇总方法需要具备可加性和特征性等重要性质，然而 ICP 现行方法及过往所用方法均不兼具可加性与特征性，这导致要进行支出物量比较和实际支出结构分析必须选择不同的汇总方法。本章从特征性定义出发，在 GK 法可加性框架内，借鉴 GEKS 法通过逼近 Fisher 指数以实现特征性的思想，采用一个非线性最优化过程来逼近双边 Fisher 指数，提出了一种既满足可加性又最大化特征性的多边价格汇总方法——MBC 法。虽然满足可加性的汇总方法可能存在替代偏差，但本章的实例分析充分说明，MBC 法在替代偏差的表现上是相对较弱的，与已有的提高特征性的 MPCP 法和 SS 法相比，MBC 法也相对较优。本章提出的方法为处理以下情形提供了可能：当使用购买力平价的目的不同时，我们不再需要采用不同的汇总方法，MBC 法可以同时保留 GEKS 法具备的特征性和 GK 法具备的可加性，而且最大限度地降低了替代偏差。

第七章　双边比较的可靠性差异问题与 WMBC 法

第六章提出的 MBC 法是基于双边指数构建的多边比较方法,且 MBC 法视所有双边比较同等重要。事实上,当参与比较的国家众多且各国经济发展水平迥异时,不同组双边比较的可靠性必然是不同的。本章将在 MBC 法的基础上,进一步考虑不同双边比较的可靠性差异问题。主张应根据双边比较的可靠性程度,使得不同双边比较在国际平均价格向量的构造中发挥不同的作用,特提出 WMBC 法。关于权重的选择,本章将基于 LP 距离、价格结构(非)相似性指数及数量结构(非)相似性指数等反映双边比较可靠性的指标,引入七种权重函数。最终通过一个实例模拟验证了考虑双边比较可靠性的必要性和可行性。

第一节　关于 MBC 法的进一步思考与 WMBC 法的构建

一、关于 MBC 法的进一步思考

从 MBC 法的构造原理可知,该方法是基于双边 Fisher 指数所构建的一种多边价格比较方法。众所周知,ICP 中,不论是来自同一区域内的国家,还是来自不同区域的国家,这些国家的经济发展水平、价格结构和支出结构自然存在差异,且这种差异性在发达国家和发展中国家间则尤其明显。这意味着,越相似的国家间的双边比较结果越可靠。因此,当参与比较的国家众多且国家间的差异性较大时,一些双边比较结果势必比其他双边比较结果更准确,如美国和德国的比较应该比美国和肯尼亚的比较要可靠些。

鉴于此,当基于双边指数构建多边比较方法时,需要考虑不同双边比较结果的可靠性差异。Rao(2001)、Rao 和 Timmer(2003)就考虑了不同国家间 Fisher 指数的可靠性问题,改进了 GEKS 法视所有 Fisher 指数同等重要的不足,提出了加权 GEKS 法。同样地,MBC 法在构建国际平均价格向量的过程中,也是对所有 Fisher 指数同等处理,并未考虑不同双边比较结果的可靠性差异。因此,MBC 法的估计精度尚存提高的可能。

为阐述 MBC 法为何要考虑不同双边比较结果对国际平均价格向量的影响,以下将进一步从公式的角度予以说明。从式(6.19)可知,MBC 法的核心是基于

反映特征性程度的指标，识别一个最优的国际平均价格向量 π，而最优 π 的求解最终归结为式（6.19）的最小化问题。需要强调的是，从前面的论述可知，式（6.19）中的最大化过程描述的是，在给定 π 时，某一种 EGK 法能反映所有双边比较特征的程度。因此，当 π 给定时，式（6.19）中的最大化过程即式（6.16）的最大值（就所有 j 和 k 而言），而式（6.16）的含义是 EGK 法能反映两国双边比较的特征程度——用 EGK 法下的比较结果与 Fisher 指数的偏离程度表示。本书所要阐述的问题是，在给定 π 时，如果不同国家间 Fisher 指数的可靠性不同（而不是 MBC 法默认的基准指数——Fisher 指数不存在偏差，且可靠性相同），那么式（6.16）作为衡量双边比较特征程度的指标，于不同配对国家而言，其可靠性也必然不同。

因此，合理的方式是，当两国双边比较的可靠性更高时，这两个国家所对应的式（6.16）的值应该在式（6.19）中的最大化过程中发挥更大的作用。也就是说，对可靠性更高的双边比较而言，式（6.19）的最大化过程应该更多地倾斜于基于这两个国家所计算的式（6.16）的值。基于上述考虑，不同可靠性程度的双边比较则在式（6.19）的最大化过程中发挥了不同的作用，可靠性更高的双边比较，其发挥的作用越大，反之越小。最后，当式（6.19）的最小化过程在识别最优 π 时，MBC 法则充分考虑了双边比较的可靠性程度对 π 的影响。

二、WMBC 法的构建

基于上述讨论，本书将进一步放松 MBC 法视所有双边比较同等可靠性的假设，尝试考虑不同双边比较的可靠性差异问题，特提出 WMBC 法。假定衡量双边比较可靠性程度的指标用 w_{kj} 表示，Fisher 物量指数的可靠性越高，w_{kj} 越大，反之越小。引入权重之后，WMBC 法的最优化问题如下：

$$\min_{\pi}(\max \mu_j) = \min\left\{\max\left(w_{kj}\left|\frac{\sum_{i=1}^{I}\pi_i q_{ij}}{\sum_{i=1}^{I}\pi_i q_{ik}} \middle/ \sqrt{\frac{\sum_{i=1}^{I}p_{ik}q_{ij}}{\sum_{i=1}^{I}p_{ik}q_{ik}} \cdot \frac{\sum_{i=1}^{I}p_{ij}q_{ij}}{\sum_{i=1}^{I}p_{ij}q_{ik}}} - 1\right|\right)\right\} \quad (7.1)$$

$$\text{s.t. } \pi_i > 0, \quad i = 1, 2, \cdots, I; k, j = 1, 2, \cdots, J$$

从式（7.1）可以看出，当双边比较的可靠性更高时，其对最终国际平均价格向量的识别发挥了更为重要的作用。WMBC 法考虑了不同双边比较的可靠性问题，因此相比 MBC 法，在理论上又迈进了一步。

第二节　WMBC 法权重的选择

众所周知，如果两国所有商品的相对价格比率是相同的，那么这两国潜在的价格指数就不会随指数公式选择的不同而发生变化，也就是说，如果两国 PPP 的计算结果对所选择的指数公式更为敏感，则这两国之间的比较结果应赋予更低的权重（Rao and Timmer，2003）。根据消费理论，价格结构会影响支出结构，简言之就是，消费者倾向于消费更多价格较低的商品。自然地，如果我们可以捕捉到各国的价格结构或者数量结构的相似性程度，以此衡量双边比较的可靠性，则可以直接将这些指标用于 WMBC 法。已有文献根据指数理论，构建了多种指数方法来衡量双边比较的可靠性，其中一些方法已被推荐用于加权 GEKS 法、MST 法和 MD 法等多种价格汇总方法。以下将基于 LP 距离函数、价格结构（非）相似性指数和数量结构（非）相似指数，共引入七种衡量双边比较可靠性的指数，作为 WMBC 法的权重函数，以供实际应用者参考。

一、基于 LP 距离函数构建的权重函数

Hill（1999b）在构建 MST 法时，正式提出用 Laspeyres-Paasche（LP）距离衡量双边比较的可靠性。由于 Laspeyres 指数和 Paasche 指数一般被视为双边指数的两个极值，尤其是 Fisher 指数是采用这两个指数的几何平均值，Laspeyres 指数和 Paasche 指数所构建的区间长度越长，一般认为双边比较的误差越大。LP 距离函数如下：

$$d_{kj} = \left| \ln\left(\frac{L_{kj}}{P_{kj}}\right) \right| \quad (7.2)$$

式中，L_{kj} 和 P_{kj} 分别代表 Laspeyres 指数和 Paasche 指数。值得注意的是，式（7.2）无论是使用价格指数还是使用数量指数的形式，LP 距离函数的值都是一样的。由于 LP 距离越大，说明双边比较的可靠性越差，因此 WMBC 法的权重函数与 LP 距离函数成反比。就所有 j 和 $k(j \neq k)$，即存在如下表达式：

$$w_{kj} = \frac{1}{d_{kj}} \quad (7.3)$$

需要注意的是，当恰巧存在两国 LP 距离等于 0 时，令权重函数等于 1。

二、基于价格结构（非）相似性指数构建的权重函数

（一）KHS 价格结构相似性指数

在尝试对 ICP1975 进行区域化的试验中，Kravis 等（1982）提出了一种价格结构相似性指数，采用该指标对参与比较的国家进行了分组。他们定义 j 国和 k 国价格结构相似指数 sp_{kj} 为

$$\mathrm{sp}_{kj} = \frac{\sum_{i=1}^{I} W_i p_{ij} p_{ik}}{\sqrt{\sum_{i=1}^{I} W_i p_{ij}^2 \sum_{i=1}^{I} W_i p_{ik}^2}} \tag{7.4}$$

式中，W_i 代表第 i 个商品的权重。Kravis 等（1982）指出应该使用全球支出份额代表第 i 个商品的权重。然而，他们并没有给出明确的公式，在对各国进行分组的过程中则是简单地采用 ICP1973 的各国基本类 PPP 数据计算全球实际支出份额。本书明确给出了 W_i 的表达形式，即应该采用待比较年份的全球实际支出份额：

$$W_i = \frac{\sum_{j=1}^{J} \pi_i p_{ij}}{\sum_{i=1}^{I} \sum_{j=1}^{J} \pi_i p_{ij}} \tag{7.5}$$

从式（7.5）可以看出，由于国际平均价格向量 π 未知，权重 W_i 是作为一个未知参数内含在 WMBC 法的权重中，一起代入式（7.4）。sp_{kj} 值越大，j 国和 k 国双边比较的可靠性越高，因此 WMBC 法的权重函数 w_{kj} 就等于 sp_{kj}。

（二）HSA 价格结构相似性指数

由于 KHS 指数存在两个缺陷：一是无法直接应用两国的价格数据，需要间接用到国际平均价格向量；二是国际平均价格向量的使用会导致伪相关的可能，从而引起价格结构相似性测度偏差（Sergeev，2001）。鉴于此，Heston 等（2001）提出了 KHS 法的修订版本——SIM-NORM（本书称为 HSA 法）。HSA 法将 KHS 法中的商品权重 W_i 函数进行了修订，如下：

$$W_i = \frac{\exp_{ij} + \exp_{ik}}{2} \tag{7.6}$$

式中，$\exp_{ij}$ 为 j 国在商品 i 上的名义支出份额。结合式（7.4）和式（7.6），从 HSA 法的构造原理看，该方法可能同样会引起偏差：HSA 在计算两国的价格结构相似性时，无法直接应用两国的价格数据，需要使用所有国家的"一个平均值"作为"桥梁向量"，这可能会扭曲两国的真实价格结构相似性结果（Sergeev，2001）。

（三）VMT 价格结构相似性指数

Van Ark 等（1999b）也修正了 KHS 指数，采用两国的数量为权重，由此两国价格结构相似性指数的测算不会受其他国家的影响。该方法分两步进行，第一步是测算分别以 k 国数量为权重的价格结构相似性指数 $\mathrm{sp}_{kj}(k)$，以及以 j 国数量为权重的价格结构相似性指数 $\mathrm{sp}_{kj}(j)$，分别如下：

$$\mathrm{sp}_{kj}(k) = \frac{\sum_{i=1}^{I}(p_{ij}q_{ik})(p_{ik}q_{ik})}{\sqrt{\sum_{i=1}^{I}(p_{ij}q_{ik})^2 \sum_{i=1}^{I}(p_{ik}q_{ik})^2}}, \quad \mathrm{sp}_{kj}(j) = \frac{\sum_{i=1}^{I}(p_{ij}q_{ij})(p_{ik}q_{ij})}{\sqrt{\sum_{i=1}^{I}(p_{ij}q_{ij})^2 \sum_{i=1}^{I}(p_{ik}q_{ij})^2}} \quad (7.7)$$

第二步是采用 $\mathrm{sp}_{kj}(k)$ 和 $\mathrm{sp}_{kj}(j)$ 的几何平均值度量两国的价格结构相似性 sp_{kj}，即 WMBC 法的权重函数：

$$w_{kj} = \mathrm{sp}_{kj} = \sqrt{\mathrm{sp}_{kj}(k) \cdot \mathrm{sp}_{kj}(j)} \quad (7.8)$$

（四）WRPD 法

Diewert（2009）从非相似性的角度，讨论了多条价格结构非相似性和数量结构非相似性公理，提出并重点推荐了满足所有公理化检验的 WAQD 法和 WRPD 法，以分别衡量绝对数量非相似性和相对价格非相似性。在此，先给出 WRPD 法的相对价格非相似性指数：

$$D_{\mathrm{WPRD}}(p^k, p^j, q^k, q^j) = d_{kj}$$
$$= \sum_{i=1}^{I} \frac{\exp_{ij} + \exp_{ik}}{2} \left[\left\{ \frac{p_{ij}}{P(p^k, p^j, q^k, q^j)p_{ik}} - 1 \right\}^2 + \left\{ \frac{P(p^k, p^j, q^k, q^j)p_{ik}}{p_{ij}} - 1 \right\}^2 \right]$$
$$(7.9)$$

式中，$P(p^k, p^j, q^k, q^j)$ 是某种双边价格指数，可见，WRPD 法受限于双边价格指数的选择。在此情形下，WMBC 法的权重 $w_{kj} = 1/d_{kj}$。

Rao 等（2010）在 WGEKS 法的经验分析中采用的是 Fisher 指数，虽然假定 Fisher 指数也存在可靠性的问题，但是，Fisher 指数的使用可以作为第一阶段的近似值。针对 WRPD 法中价格指数的选择问题，后面的实例模拟将同时引入另外一种最优指数——Tornqvist 指数。

三、基于数量结构（非）相似性指数构建的权重函数

（一）VMT 数量结构相似性指数

Van Ark 等（1999b）以两国的价格为权重提出了度量两国数量结构相似性的指数。以 k 国价格为权重的数量结构相似性指数 $\mathrm{sq}_{kj}(k)$，以及以 j 国价格为权重的数量结构相似性指数 $\mathrm{sq}_{kj}(j)$，分别如下：

$$\mathrm{sq}_{kj}(k) = \frac{\sum_{i=1}^{I}(p_{ik}q_{ij})(p_{ik}q_{ik})}{\sqrt{\sum_{i=1}^{I}(p_{ik}q_{ij})^2 \sum_{i=1}^{I}(p_{ik}q_{ik})^2}}, \quad \mathrm{sq}_{kj}(j) = \frac{\sum_{i=1}^{I}(p_{ij}q_{ij})(p_{ij}q_{ik})}{\sqrt{\sum_{i=1}^{I}(p_{ij}q_{ij})^2 \sum_{i=1}^{I}(p_{ij}q_{ik})^2}} \quad (7.10)$$

同样采用 $\mathrm{sq}_{kj}(k)$ 与 $\mathrm{sq}_{kj}(j)$ 的几何平均值作为度量两国数量结构相似性指数 sq_{kj}，即 WMBC 法的权重函数：

$$w_{kj} = \mathrm{sq}_{kj} = \sqrt{\mathrm{sq}_{kj}(k) \cdot \mathrm{sq}_{kj}(j)} \quad (7.11)$$

（二）WAQD 法

Diewert（2009）提出了满足所有公理化检验的绝对数量非相似性指数（WAQD）法。WAQD 法定义如下：

$$D_{\mathrm{WAQD}}(p^k, p^j, q^k, q^j) = d_{kj} = \sum_{i=1}^{I} \frac{\exp_{ij} + \exp_{ik}}{2} \left[\left\{ \frac{q_{ij}}{q_{ik}} - 1 \right\}^2 + \left\{ \frac{q_{ik}}{q_{ij}} - 1 \right\}^2 \right]$$

$$(7.12)$$

基于 WAQD 法构建的权重函数为 $w_{kj} = 1/d_{kj}$。WAQD 法的缺陷在于，必须要求所有商品的消费数量为正。然而在实际当中，容易存在某些国家在某些商品上消费为 0 的情形。在经验分析中，面对这种情况，在计算 WAQD 法的 d_{kj} 时，我们往往只能选择用非常小的非 0 值代替 0 值。Rao 等（2010）在应用 WGEKS 法时选择用 0.5 替代消费数量为 0 的值。由于本书的实例模拟采用的是 ICP2011 居

民实际消费支出中的汇总类数据，一些商品消费为 0，加之某些商品的消费数量不足 1，故后面实例分析将采用 0.000 01 代替 0 值。

第三节 实 例 模 拟

本节将通过一个实例验证在 MBC 法中考虑双边比较可靠性的可行性，以证明本书所引入的权重函数是可供应用者参考的。同时还将进一步比较在采用不同权重函数时，WMBC 法所计算的购买力平价的差异性，引发出几点思考。

一、数据来源说明

本章采用 ICP2011 居民实际消费支出中各大类商品的价格数据和支出数据。由于国外净购买存在负值，为方便处理计算，最终选定居民实际消费支出中 12 个大类商品，具体包括：食品与非酒类饮料，酒类饮料、烟草以及麻醉品，服装和鞋类，住房、水、电、煤气及其他燃料，家具、家用设备及其维护，医疗，交通，通信，娱乐与文化，教育，餐旅，杂项商品与服务。在计算各国居民实际消费支出层面购买力平价时，采用上述大类商品的购买力平价数据作为价格数据，用各大类的实际支出作为数量数据。所涵盖的国家和地区包括非洲（50 个经济体）、亚太（23 个经济体）、欧盟-OECD（47 个经济体）共 120 个经济体，以美国为基准经济体。

二、测算结果与分析

如表 7.1 所示，本章给出了在前面构建的七种权重函数下，用 WMBC 法测算的各国购买力平价，其中，在 WRPD 权重函数需要选择双边比较指数时，包括两种形式：Fisher 指数形式（WRPDF）和 Tornqvist 指数形式（WRPDT）。

从表 7.1 列示的测算结果可知，相比 MBC 法的测算结果，不同权重函数下 WMBC 法的测算结果与其均存在一定程度的差异性。如从指标 Max-Diff（见表 7.1 注）看，最大差异性达到 17.26%，该指标的平均值也达到 7.16%，而且这种差异性在发展中国家表现得也相对较大。这一方面说明，在采用 MBC 法时，确实有必要考虑双边比较的可靠性问题；另一方面也说明，在 MBC 法中引入权重函数是可行的，而且可以从多种不同角度来选择相应的权重函数。

从理论视角看，WMBC 法要优于 MBC 法。但基于不同权重函数的 WMBC 法所计算的结果存在较鲜明的差异，而且从前面的介绍可知，不同权重函数在理论上都各有优劣。由于衡量双边比较可靠性的各种指数都是从不同视角出发的，一些指数是基于价格结构的视角，一些指数则是基于支出结构的视角。因此，实践中可能需要根据研究的侧重点选择具体的衡量可靠性的指数。亦或者可以采用表 7.1 各列的几何平均值作为最终的测算结果，以考虑不同角度的可靠性测度方法，进一步地，如果需要采用加权几何平均值，权重的选择则可以反映研究者对不同权重函数的重要性进行排序。此外，可能的理想情况是，需要在单个模型中从多维视角进行双边比较可靠性的测度，这有待进一步研究。

表 7.1 采用不同权重函数测算的 WMBC 法下的购买力平价

经济体	MBC	WMBC LP	WMBC KHS	WMBC HSA	WMBC VMTp	WMBC WRPDF	WMBC WRPDT	WMBC VMTq	WMBC WAQD	Max-Diff
阿尔及利亚	26.43	26.31	26.02	26.16	26.79	28.25	27.76	26.13	27.23	6.89%
安哥拉	66.74	69.82	65.43	65.17	67.01	71.44	71.13	64.63	67.99	7.04%
南非	242.07	254.87	236.42	237.75	244.62	263.88	262.25	234.32	250.96	9.01%
埃及	1.51	1.61	1.50	1.51	1.52	1.66	1.64	1.49	1.57	9.93%
赞比亚	2193.35	2389.98	2135.42	2142.23	2176.92	2397.21	2372.12	2103.71	2266.48	9.29%
中国（不含港澳台）	3.23	3.27	3.22	3.25	3.21	3.42	3.39	3.21	3.35	5.88%
印度	13.60	14.18	13.38	13.51	13.66	14.77	14.53	13.29	13.58	8.60%
印度尼西亚	3493.96	3702.44	3457.26	3469.97	3543.79	3841.28	3815.89	3443.72	3773.18	9.94%
菲律宾	16.94	17.76	16.60	16.60	17.08	18.21	18.09	16.46	18.03	7.50%
新加坡	1.06	1.04	1.05	1.06	1.07	1.02	1.03	1.08	1.10	3.77%
澳大利亚	1.46	1.47	1.45	1.45	1.46	1.45	1.46	1.46	1.49	2.05%
加拿大	1.26	1.28	1.26	1.27	1.27	1.29	1.29	1.27	1.28	2.38%
法国	0.84	0.85	0.83	0.83	0.84	0.85	0.85	0.83	0.85	1.19%
德国	0.77	0.78	0.76	0.76	0.76	0.78	0.78	0.76	0.77	1.30%
意大利	0.77	0.78	0.76	0.77	0.77	0.80	0.80	0.76	0.79	3.90%
日本	107.20	108.64	106.18	105.88	106.59	108.89	108.87	106.14	106.74	1.58%
俄罗斯	13.69	14.28	13.69	13.68	13.79	14.94	14.83	13.51	14.22	9.13%
英国	0.72	0.72	0.71	0.72	0.72	0.71	0.72	0.72	0.72	1.39%
最大										17.26%
平均										7.16%

注：限于篇幅，本章仅给出了包括非洲区域五个经济体、亚太区域五个经济体以及欧盟-OECD 区域八个经济体的 PPP 测算结果，基准国是美国。Max-Diff（最大绝对变化率）等于各 WMBC 法下的结果相对 MBC 法结果的绝对变化率的最大值，最后则给出了 119 个国家中 Max-Diff 的最大值和平均值

第四节 本章小结

本章在 MBC 法的基础上,进一步考虑了不同双边比较的可靠性差异问题,认为应根据双边比较的可靠性程度,使得不同双边比较在国际平均价格向量的构造中发挥不同的作用,借此提出了 MBC 法的一般化形式——WMBC 法。同时,本章引入了多种衡量双边比较可靠性的指数并构建了权重函数,实例模拟验证了考虑双边比较可靠性的必要性、引入权重函数的可行性。

第八章　研究结论与展望

要进行空间上的实际经济规模比较，首先必须剔除空间上的价格差异。当前，购买力平价法已然成为国际经济比较中最重要、最科学的方法。准确地进行空间价格比较，将直接影响实际经济规模比较的可靠性，而价格指数汇总方法的好坏则对空间价格比较结果起着至关重要的作用。本书在系统总结当前多边价格指数汇总方法存在的主要理论问题与应用问题的基础上，拟解决三个关键问题。①技术方面：改进基本类水平价格汇总方法的估计方法。②应用方面：比较一类满足可加性的汇总方法的优劣。③理论方面：提出满足更多优良性质的基本类以上水平价格汇总方法。整体来看，本书的研究思路是遵循购买力平价测算的基本逻辑着手的，依次对不同水平的购买力平价汇总方法进行改进。

围绕上述三个问题，本书所做的主要工作归纳如下。第一，理论上，深入阐述了基本类水平价格汇总方法（CPD 法）价格异方差的来源，并强调了异方差结构的复杂性、难以捕捉的特征。据此，本书引入基于残差加权的 WLS 估计方法以提高 CPD 法的有效性。同时，以 ICP2011 的居民实际个人消费支出层面的数据为例，实证检验 WLS 估计相比 OLS 估计和 FGLS 估计在提高有效性上是否更好，分析了消除异方差对各国、各区域购买力平价估计的影响。第二，系统比较和阐述了一类满足可加性的汇总方法的定义、经济理论基础，以加深对这类方法的认识。同时，从替代偏差的视角，首次全面地对这类方法进行了优劣比较，以期对这类方法的使用提供选择参考。第三，为了使得多边价格指数汇总具备更多优良性质，以期实现只需采用一种方法就可同时实现支出物量比较和结构比较的目的。本书深入分析与总结了已有的几种最大化特征性的方法的原理与优劣，进一步对基本类以上水平价格汇总方法进行了改进，提出了一种满足可加性又最大化特征性的汇总方法及其一般化形式。

第一节　研　究　结　论

一、CPD 法价格异方差来源与改进结果

CPD 法是当前国际多边价格比较中一种重要的基本类水平价格汇总方法，其

可靠性水平不仅直接影响基本类水平购买力平价数据质量,还将进一步影响基本类以上水平价格比较结果的可信度。本书从理论上深入剖析了基于 CPD 法的多边价格指数中存在价格异方差的多种原因,具体包括:采价的原始数据的异方差性、各国汇报的各商品国内平均价格存在异方差、商品价格数量级差异导致的异方差、以及商品质量差异引起的异方差。考虑到空间价格异方差的特殊性,本书对比分析了基于残差加权的 WLS 估计法和方差结构已知时的 WLS 估计法,以及方差结构未知时的 FGLS 估计法及其优势,提出引入基于残差加权的 WLS 估计以消除 CPD 法价格异方差的方法。

最后以 ICP2011 居民实际消费支出的购买力平价数据和支出数据为例,实例分析充分证明改进的估计方法能显著提高各国购买力平价估计的可靠性。从实例分析我们还能得出两点重要结论:①如果不考虑价格异方差,相对而言,发展中国家的居民实际消费支出将被系统性高估,这进一步说明消除空间价格异方差的重要性;②在 OLS 估计下,以支出份额为权重的 WCPD 法等价于一种变形的 GK 法——Rao system,因此本书的实证结果还可以证明该变形的 GK 法存在类似的格申科龙效应。自 2014 年 4 月份世界银行公布 2011 年 ICP 的数据之后,国际社会对本轮 ICP 的购买力平价数据结果争论激烈,上述研究结论或许可以为这些争论提供一定的理论依据与实证支持。

二、一类满足可加性的汇总方法比较及其替代偏差的测算结果与启示

本书详细阐述了各满足可加性的汇总方法的基本原理,并首次全面地测度了这些汇总方法可能存在的替代偏差,对各方法进行了优劣比较,同时验证了一些方法的理论推理。从本书对各方法的理论探讨看,我们至少应该有两点新的认识:①满足可加性的多边价格汇总方法是有经济理论基础的,国际平均价格具有鲜明的经济含义;②可加性与特征性是可以相互协调的。

从替代偏差的测算结果看,本书得出了几点重要结论。

(1) 具备可加性的汇总方法存在的替代偏差与距离分存在正相关关系,替代偏差的测算结果显示 EWGK 法是相对最优的方法。具体情况是,相比 GK 法,SRK 法和 KS-S 法并不能降低替代偏差,而其他汇总方法则均存在一定程度的改进,其中 EWGK 法是所有汇总方法中相对最优的方法,其次相对较好的方法是 IDB 法、SS 法、Gerardi 法和 MPCP 法。

(2) 不管是从理论论述,还是从实证结果看,提高特征性与降低替代偏差存在着内在的逻辑关系,购买力平价汇总方法可以通过提高特征性以降低替代偏差。这告诉我们,在多边价格比较中,购买力平价汇总方法可以尽可能地满足更多的优良性质。

（3）替代偏差在欧盟-OECD 经济体和非欧盟-OECD 经济体之间存在显著差异。首先，所有汇总方法均显示，非欧盟-OECD 经济体的替代偏差要大于欧盟-OECD 经济体，或者说具备可加性的价格汇总方法对相对欠发达的经济体的影响更大。其次，不同方法在这种影响上又存在差别，GK 法、SRK 法、KS-S 法和 MPCP 法下的价格结构相对较易向欧盟-OECD 经济体的价格结构倾斜，IDB 法、EWGK 法、Gerardi 法和 SS 法不仅可以更好地降低不同区域的替代偏差，而且在不同区域的替代偏差的差异也较小。

通过本书的研究，不仅加深了我们对方法的进一步认识，同时还发现了方法存在的一些问题。从本书可以得到两点重要启示：①就实际应用而言，我们应该而且可以选择相对较优的多边价格汇总方法，由于所有满足可加性的汇总方法对欧盟-OECD 的替代偏差相对较小，故具备可加性的汇总方法或许更适合于经济结构差异较小的区域或者经济结构差异较小的国家间的比较。②在方法的发展上，具备可加性的汇总方法一方面需要进一步提高国际平均价格向量与各国价格结构的相似性；另一方面，已有的提高特征性的 MPCP 法和 SS 法均存在改进的可能。

三、MBC 法的提出及其合理性

购买力平价法是进行各国实际物量比较最科学的方法，理想的价格指数汇总方法需要具备可加性和特征性等重要性质，然而现行 ICP 使用的 GEKS 法不满足可加性，而可加性又是进行实际经济结构和支出结构比较以及基于可比的投入产出表进行生产率和效率比较时，多边价格指数汇总方法必须满足的一条性质。为进一步改进现有价格指数汇总方法，本书从特征性定义出发，借鉴 GEKS 法通过逼近 Fisher 指数以满足特征性的方式，最终基于用一个非线性最优化过程逼近 Fisher 指数的视角，构建了一种最大化特征性的多边价格指数汇总方法——MBC 法。

MBC 法在理论上和应用上均具备诸多优势。

（1）MBC 法在 GK 法可加性框架内，采用一个非线性最优化过程逼近双边 Fisher 物量指数的方式，兼顾了可加性与特征性。最终，MBC 法将具备 ICP 领域最为看重的传递性、基国不变性、可加性和特征性等优良性质。此外，与世界银行长期使用的 GK 法以及其他多种满足可加性的汇总方法相比，MBC 法的替代偏差最小。因此，MBC 法是同时可用于实际物量比较和实际支出结构分析的较为理想的方法。

（2）与 MPCP 法、SS 法、MST 法和 MD 法等被视为满足特征性的方法相比，MBC 法具备相对优势。一是，MPCP 法、SS 法、MST 法和 MD 法易受价格结构相似性度量指标选择的影响，方法欠缺稳健性，这意味着这些方法是否能最大化特征性，很大程度上取决于价格结构相似性度量指标的准确性。而 MBC 法则直接根据特征性的定义，采取通过逼近 Fisher 指数的方式，最大限度弱化其他国家对直接双边比较的影响，故 MBC 法在提高特征性上要更为稳健。二是，相比 MST 法和 MD 法等前沿方法，MBC 法还具备可加性的理论优势。

（3）Fisher 指数是 MBC 法最大化特征性的基础指数，也是本书用于测度满足可加性的汇总方法替代偏差的基准指数，因此，在同一区域比较或经济结构较为相似的国家间比较时，Fisher 指数会更接近于未知真值，这样 MBC 法的比较结果也将更为准确。这进一步凸显了 MBC 法不仅满足实际经济结构分析的需求，还是适合作为物量比较的方法。

从替代偏差的比较来看，测算结果证明，相比已有的八种满足可加性的汇总方法，MBC 法在降低替代偏差的表现上相对较优。与已有的提高特征性的 MPCP 法和 SS 法相比，MBC 法也相对较优。这进一步说明了本书所构建方法的合理性。

四、进一步完善 MBC 法的可能与 WMBC 法的提出

类似于 GEKS 法，MBC 法也是基于双边最优指数（Fisher 指数）构建的。众所周知，在空间价格和物量的比较中，来自不同区域以及同一区域内部的国家，在经济发展水平、价格结构和支出结构上，或多或少存在些差异，尤其是发达国家和发展中国家的这种差异性可能千差万别。很显然，在上述方面越相似的国家间的双边比较结果应该更为可靠，反之可靠性越差。因此，当参与比较的国家越多、国家间发展水平层次不齐时，一些双边比较结果势必比其他双边比较结果更为准确。故 MBC 法的估计精度尚存提高的可能。因此，本书根据不同双边比较的可靠性情况，又构建了更为一般化的 MBC 法——WMBC 法。

WMBC 法的应用难点在于，如何构建合适的权重函数。本书基于 LP 距离函数、价格结构（非）相似性指数和数量结构（非）相似性指数等衡量双边比较可靠性的指数，引入了七种权重函数以供研究者参考。实例模拟验证了考虑双边比较可靠性的必要性、引入权重函数的可行性。虽然，理论上 WMBC 法比 MBC 法更优，但需要特别注意的是，在实际应用中，我们可能需要进一步深入研究各种衡量双边比较可靠性指数的构造原理、优劣程度，并最好根据研究的侧重点来选择相应的权重函数；亦或者可以采用不同权重函数下 WMBC 法测算结果的几何平均值作为折中结果。当然，对衡量双边比较可靠性指数的进一步优化，应该是未来研究需要重点关注的内容。

第二节 研究展望

本书根据购买力平价测算的基本逻辑,对基本类水平价格汇总方法和基本类以上水平价格汇总方法均尝试进行了边际改进。但就现有多边价格指数汇总方法存在的诸多问题,本书所解决的问题并未面面俱到。未来还可在以下方面作进一步的研究。

(1) 细化数据。受 ICP 数据保密协议的限制,本书目前所使用的购买力平价数据和支出数据仅限于居民实际消费支出层面的汇总数据,共分为 12 个大类商品。而在 ICP 的具体实践中,CPD 法在计算基本类水平购买力平价时,是具体到单个商品的价格数据;而在进行基本类以上水平价格汇总时,需要面对的商品数量更多(共 155 个基本类)。可以说,本书采用的数据还不够细化。当处理的商品越细致且数量增多时,这可能更有助于揭示各种方法中更深层次的内容、加深对方法的认知。在下一步研究中,将考虑与国家统计局和世界银行 ICP 工作组进行深入沟通,以期获取更为细化的商品价格数据和支出数据,进一步验证本书方法改进的实际效果,同时为未来的方法应用研究做好数据铺垫。

(2) 进一步改进基本类水平价格汇总方法。本书虽然改进了 CPD 模型的估计方法,提高了该模型的估计精度,但这种改进是技术上的改进,属于边际改进,而不是革命性的改进。较为遗憾的是,本书仍未突破国际前沿研究在基本类水平价格汇总时遇到的理论难题与技术难点,如如何进行生产率调整、如何进行质量调整等当前国际比较方法领域亟待解决的重点问题。在下一步的研究中,我们仍将紧盯国际方法研究的前沿,力求在基本类水平价格汇总方法这一核心研究领域有所建树。

(3) 进一步优化衡量双边比较可靠性的指数。即便是 WMBC 法(包括加权 GEKS 法)考虑了双边比较的可靠性问题,但现有衡量双边比较可靠性的指数各有优劣。就基于价格结构(非)相似性或数量结构(非)相似性等衡量双边比较可靠性的指数而言,学术界还未达成共识。未来研究需要重点关注衡量双边比较可靠性指数的优化问题,这一问题的解决不仅有助于推动需要考虑双边比较可靠性的方法(WMBC 法和 WGEKS 法)的应用,也有助于根据结构(价格结构或者数量结构)相似性程度所构建的链式法(如 MST 法和 MD 法)的应用。

(4) 拓展方法的应用研究。本书尝试改进基本类水平和基本类以上水平的价格汇总方法,并从替代偏差的视角,对多种满足可加性的方法进行优劣比较。因此,下一个重要的研究领域是将这些方法应用到有关区域购买力平价的测算、国内购买力平价的测算、贫困购买力平价的测算、国内价格水平的比较、行业生产率水平的比较等诸多重要的经济问题中。拓展方法的应用研究，其重要意义在于：一方面，可以进一步比较方法之间的差异、加深对方法的认识；另一方面，也是非常重要的一点，可以及时更新、纠正当前应用研究在采用以往方法时所得出的结论，从而出台更好的政策建议。

参 考 文 献

柏满迎, 任若恩. 2000. 一类指数问题的进一步研究与实证分析. 统计研究, 17（9）：52-59.
柏满迎, 余修斌, 任若恩. 1999. 价格指数和购买力平价的公理化研究. 统计研究, 16（11）：46-50.
柏满迎, 郑海涛, 刘小平. 2008. 一类购买力平价指数的改进及实证研究. 统计研究, 25（5）：89-92.
岑成德. 1991. 地区间经济比较的一种方法. 统计研究, 8（2）：54-57.
崔书香. 1988. 生产总值的国际比较和购买力平价的统计方法. 中央财政金融学院学报,（5）：1-8.
崔书香. 1990. 生产总值的国际比较地区化的统计问题. 中央财政金融学院学报,（2）：76-81.
戴艳娟, 泉宏志. 2015. 中日韩购买力平价的推算及中日韩比较. 经济学（季刊）, 15（1）：85-106.
郭熙保. 1998. 购买力平价与我国收入水平估计——兼评克拉维斯对中国收入的估计结果. 管理世界,（4）：64-75.
黄雪成. 2011. ICP 汇总方法比较研究. 大连：东北财经大学.
李文溥. 1989. 产品实物总量的国际比较——国际比较项目（ICP）评介. 统计研究, 6（5）：72-74.
李子奈, 潘文卿. 2005. 计量经济学. 2 版. 北京：高等教育出版社.
任若恩. 1998. 关于中国制造业国际竞争力的进一步研究. 经济研究, 33（2）：3-13.
任若恩, 陈凯, 韩月娥. 1992. 中美国民生产总值的双边比较. 北京：航空工业出版社.
任若恩, 郑海涛, 柏满迎. 2006a. 关于中美经济规模的国际比较研究. 经济学（季刊）, 6（1）：39-56.
任若恩, 李洁, 郑海涛, 等. 2006b. 关于中日经济规模的国际比较. 世界经济, 29（8）：3-10.
桑炳彦. 1995. 关于对中外经济实力比较指数的统计方法研究. 世界经济, 18（8）：11-17.
王成歧. 1993. 国际多边比较中的 G-K 法. 财经问题研究,（8）：13-17.
王成歧. 1994. 国际比较中两类购买力平价的区分. 统计研究,（1）：72-75.
王鹤. 1987. 购买力平价理论的发展与联合国比较项目. 世界经济, 10（6）：37-43.
王玲. 2002. 基于购买力平价（PPP）的中外经济实力的比较. 世界经济, 25（7）：12-18.
王磊. 2012. 购买力平价（PPP）测算方法研究评述与展望. 统计研究, 29（6）：106-112.
王磊, 周晶. 2012. 对中国省级地区相对价格水平的估计——基于一般化空间 CPD 模型的研究. 统计与信息论坛, 27（8）：43-50.
王岩. 2015a. 国际比较中多边指数方法研究综述. 经济统计学（季刊）,（2）：1-15.
王岩. 2015b. 中国经济实际规模测算研究. 大连：东北财经大学.
王岩, 杨仲山. 2017. 国际比较项目（ICP）高估发展中国家实际消费水平吗. 统计研究, 34（7）：3-14.
谢长, 常坤. 2016. 世界银行低估发展中国家的购买力平价吗——基于修正的巴拉萨-萨缪尔森效应的测度研究. 当代财经，（2）：3-13.
晓钟. 1990. 货币购买力的国际对比方法. 中国统计，（11）：33-34.
余芳东. 1996. 欧洲国际比较项目的方法和结果. 统计研究，13（2）：75-80.
余芳东. 1997. 地区差价指数的基本要求及编制方法. 统计研究，（3）：49-52.
余芳东. 2004. 实际产出和生产率国际比较的研究方法及存在问题. 统计研究，21（1）：9-13.
余芳东. 2005. 中国与OECD国家购买力平价和经济实力的比较研究. 管理世界，（4）：12-19.
余芳东. 2006. 我国城镇居民消费价格和实际收入地区差距的比较研究. 统计研究，23（4）：3-7.
余芳东. 2007. 当前全球国际比较项目（ICP）的进展及其基本方法. 统计研究，24（1）：59-65.
余芳东. 2008. 关于世界银行推算中国购买力平价的方法、结果及问题研究. 管理世界，（5）：38-45.
余芳东. 2011a. 我国参加全球国际比较项目的过程、方法和结果. 中国统计，（6）：16-18.
余芳东. 2011b. 2011年新一轮国际比较项目（ICP）方法改进. 统计研究，28（1）：11-15.
余芳东. 2012a. 我国参加国际比较项目（ICP）的演变历程. 统计研究，29（8）：108-112.
余芳东. 2012b. 亚行更新中国购买力平价的方法和结果研究. 世界经济研究，（2）：16-20.
余芳东，任若恩. 2005. 关于中国与OECD国家购买力平价比较研究结果及其评价，4（2）：563-582.
易纲，张燕姣. 2006. 以购买力平价测算基尼系数的尝试. 经济学（季刊），6（1）：91-104.
杨仲山，王岩. 2015. 现代国际比较理论的演进与发展. 财经问题研究，（10）：15-23.
杨仲山，谢长. 2016. 多边价格指数中的价格异方差问题与CPD法的改进. 统计研究，33（10）：38-45.
郑建华. 2012. 中国地区间的购买力平价比较研究及运用. 重庆：重庆工商大学.
郑海涛，等. 2012. 国际经济比较的理论、方法和应用. 北京：科学出版社.
郑海涛，任若恩. 2005a. TT指数的进一步研究及其实证分析. 统计研究，22（1）：46-50.
郑海涛，任若恩. 2005b. 多边比较下的中国制造业国际竞争力研究：1980-2004. 经济研究，40（12）：77-89.
张晓波. 1991. 谈谈价格水平的横向比较. 价格理论与实践，（10）：21-24.
张迎春. 2007. 中国距离全面参与国际比较项目还有多远. 大连：东北财经大学.
张迎春. 2008. 世界银行的购买力平价体系研究. 统计教育，（7）：7-13.
Ahnert H, Kenny G. 2004. Quality adjustment of european price statistics and the role for hedonics. Occasional Paper Series, NO. 15, European Central Bank.
Almås I. 2012. International income inequality: Measuring PPP Bias by estimating engel curves for food. American Economic Review, 102（2）: 1093-1117.
Allen R C, Diewert W E. 1981. Direct versus implicit superlative index number formulae. Review of Economics and Statistics, 63（3）: 430-435.
Aten B. 1996. Evidence of spatial autocorreilation in international prices. Review of Income and Wealth, 42（2）: 149-163.
Aten B H. 2006. Interarea price levels: An experimental methodology. Monthly Labor Review, 129（9）: 47-61.
Balk B M. 1980. A method for constructing price indices for seasonal commodities. Journal of the Royal Statistical Society: Series A (General), 143（1）: 68-75.

Balk B M. 1996. A comparison of ten methods for multilateral international price and volume comparison. Journal of Official Statistics,12（2）：199-222.

Balk B M. 2001. Aggregation Methods in International Comparisons: What Have We Learned?. ERIM Report Series Research in Management,ERS-2001-41-MKT.

Banerjee K S. 1975. Cost of Living Index Numbers: Practice, Precision and Theory. New York: Marcel Dekker.

Cassel G. 1918. Abnormal deviations in international exchanges. The Economic Journal, 28 (112): 413-415.

Castles I. 1997. Review of the OECD-Eurostat PPP Program. Unpublished OECD document, STD/PPP（97）5,September.

Caves D W, Christensen L R, Diewert W E. 1982. Multilateral comparisons of output, input, and productivity using superlative index numbers. The Economic Journal, 92 (365): 73-86.

Clark C. 1940. The Conditions of Economic Progress. London: Macmillan Publishers.

Clements K W, Izan H Y. 1981. A note on estimating divisia index numbers. International Economic Review, 22 (3): 745-747.

Clements K W, Izan H Y. 1987. The measurement of inflation: a stochastic approach. Journal of Business&Economic Statistics, 5 (3): 339-350.

Cuthbert J R. 1999. Categorisation of Additive Purchasing Power Parities. Review of Income and Wealth, 45 (2): 235-249.

Cuthbert J R. 2003. Comparative Properties of Additive Purchasing Power Parities. Working Paper, United Kingdom, Edinburgh.

Cuthbert J R. 2009. Implicit Data Structures and Properties of Selected Additive Indices. Purchasing Power Parities of Currencies: Recent Advances in Methods and Applications, edited by Rao D S P.

Cuthbert J R, Cuthbert M. 1988. On Aggregation Methods of Purchasing Power Parities. OECD Department of Economics and Statistics, Paris.

Deaton A, Heston A. 2010. Understanding PPPs and PPP-Based National Accounts. American Economic Journal: Macroeconomics, 2 (4): 1-35.

Debelle G, Lamont O. 1997. Relative price variability and inflation: Evidence from U.S. Cities. Journal of Political Economy, 105 (1): 132-152.

Diewert W E. 1976. Exact and superlative index numbers. Journal of Econometrics, 4 (2): 115-145.

Diewert W E. 1986. Index Numbers. Discussion Paper, Department of Economics, University of British Columbia.

Diewert W E. 1987. Index Numbers//The New Palgrave: Dictionary of Economics. London: Palgrave Macmillan: 1-25.

Diewert W E. 1988. Test Approaches to International Comparisons//Measurement in Economics. Heidelberg: Physica-Verlag H D: 67-86.

Diewert W E. 1995. On the Stochastic Approach to Index Numbers. RePEc.

Diewert W E. 1999. Axiomatic and Economic Approaches to International Comparisons. International and Interarea Comparisons of Income, Output and Prices, The University of Chicago Press: 13-87.

Diewert W E. 2004. On the Stochastic Approach to Linking the Regions in the ICP. Discussion Paper No. 04-16, Department of Economics, The University of British Columbia.

Diewert W E. 2005. Weighted country product dummy regressions and index number formulae. Review of Income and Wealth, 51 (4): 561-570.

Diewert W E. 2009. Similarity indexes and criteria for spatial linking//Purchasing Power Parities of Currencies: Recent Advances in Methods and Applications, edited by Rao D S P.

Diewert W E. 2010. New Methodological Developments for the International Comparison Program. Review of Income and Wealth.

Diewert W E, Heravi S, Silver M. 2007. Hedonic Imputation versus Time Dummy Hedonic Indexes. Price Index Concepts and Measurement, edited by Diewert W E, Greenlees J S, Hulten C R. University of Chicago Press.

Dikhanov Y. 1994. Sensitivity of PPP-Based Income Estimates to Choice of Aggregation Procedures. A paper presented at 23rd General Conference of the International Association for Research in Income and Wealth, St. Andrews, Canada, 21-27, August 1994, Washington, DC: World Bank.

Dikhanov Y. 1997. Sensitivity of PPP-Based Income Estimates to Choice of Aggregation Procedures. Development Data Group, International Economics Department, Washington, DC: World Bank.

Dikhanov Y. 2010. Sensitivity of PPP-Based Income Estimates to Choice of Aggregation Procedures. African Development Bank Workshop, Washington, DC: World Bank.

Drechsler L. 1973. Weighting of index numbers in multilateral international comparisons. Review of Income and Wealth, 19 (1): 17-34.

Elteto O, Koves P. 1964. On an index computation problem in international comparisons. Statiztikai Szemle, (42): 507-518.

Feenstra R C, Inklaar R, Timmer M. 2013. The Next Generation of the Penn World Table. NBER, Working Paper.

Feenstra R C, Ma H, Rao D S P. 2009. Consistent comparisons of real incomes across time and space. Macroeconomic Dynamics, 13 (S2): 169-193.

Ferrari G, Gozzi G, Riani M. 1996. Comparing GEKS and EPD Approaches for Calculating PPPs at the Basic Heading Level. Improving the Quality of Price Indices: CPI and PPP, Eurostat.

Ferrari G, Riani M. 1998. On Purchasing Power Parities Calculation at the Basic Heading Level. Statistica, 58 (1): 91-108.

Frank J G, Ladd I, Swimmer G. 1977. Assessing Trends in Canada's Competitive Position: the Case of Canada and the United States. Conference Board in Canada.

Geary R C. 1958. A note on the comparison of exchange rates and purchasing power between countries. Journal of the Royal Statistical Society. Series A (General), 121 (1): 97-99.

Gerardi D. 1974. Sul Problema della Comparazione dei Poteri d'Acquisto della Valute. Instituto de Statistica dell' Universita di Padova.

Gerschenkron A. 1951. A Dollar Index of Soviet Machinery Output, 1927-28 to 1937. Santa Monica: Rand Corporation.

Gilbert M. 1958. Comparative National Products and Price Levels: A Study of Western Europe and the United States. Paris: OEEC.

Gilbert M, Kravis I B. 1954. An International Comparison of National Products and the Purchasing Power of Currencies. Paris: OEEC.

Gini C. 1924. Quelques Considerations au Sujet de la Construction des Nombres Indices des Prix et des Questions Analogues. Metron, 4 (1): 3-162.

Gini C. 1931. On the circular test of index numbers. Metron, 9 (9): 3-24.

Gilbert M, Beckerman W. 1961. International Comparisons of Real Product and Productivity by Final Expenditures and by Industry. Output, Input, and Productivity Measurement, edited by The Conference on Research in Income and Wealth, Princeton University Press.

Hajargasht G, Rao D S P. 2010. Stochastic approach to index numbers for multilateral price comparisons and their standard errors. Review of Income and Wealth, 56 (Special Issue 1): S32-S58.

Heath J B. 1957. British-Canadian industrial productivity. The Economic Journal, 67 (268): 665-691.

Heravi S, Heston A, Silver M. 2003. Using scanner data to estimate country price parities: A hedonic regression approach. Review of Income and Wealth, 49 (1): 1-21.

Heston A, Summers R, Aten B. 2001. Price structures, the quality factors, and chaining. Statistical Journal of the United Nations ECE, 18 (1): 77-101.

Hill P. 1982. Multilateral Measurements of Purchasing Power and Real GDP. Eurostat.

Hill R C, Knight J R, Sirmans C F. 1997. Estimating Capital Asset Price Indexes. Review of Economics and Statistics, 79 (2): 226-233.

Hill R J. 1997. A taxonomy of multilateral methods for making international comparisons of prices and quantities. Review of Income and Wealth, 43 (1): 49-69.

Hill R J. 1999a. Comparing price levels across countries using minimum spanning trees. The Review of Economics and Statistics, 81 (1): 135-142.

Hill R J. 1999b. International Comparisons Using Spanning Trees. International and Interarea Comparisons of Income, Output, and Prices, edited by Heston A, and Lipsey R E, 1999.

Hill R J. 2000. Measuring Subsitution Bias in International Comparisons Based on Additive Purchasing Power Parity Methods. European Economic Review, 44 (1): 145-162.

Hill R J. 2001. Linking Countries and Regions Using Chaining Methods and Spanning Trees. Paper presented at the Joint World Bank-OECD Seminar on Purchasing Power Parities, in Washington DC.

Hill R J. 2004. Constructing Price Indexes across Space and Time: The Case of the European Union. American Economic Review, 94 (5): 1379-1410.

Hill R J, Hill T P. 2009. Recent Developments in the International Comparison of Prices and Real Output. Macroeconomic Dynamics, 13 (S2): 194-217.

Hill R J, Syed I A. 2015. Improving International Comparisons of Prices at Basic Heading Level: An Application to the Asia-Pacific Region. Review of Income and Wealth, 61 (3): 515-539.

Houben A. 1990. An International Comparison of Real Output, Labour Productivity and Purchasing Power in the Mineral Industries of the United States, Brazil and Mexico for 1975. Research Memorandum, NO. 368, Institute of Economic Research, University of Groningen.

Ikle D M. 1972. A New Approach to the Index Number Problem. The Quarterly Journal of

Economics, 86 (2): 188-211.

Inklaar R, Timmer M P. 2008a. GGDC Productivity Level Database: International Comparisons of Output, Inputs and Productivity at the Industry Level. Research Memorandum GD-104, Groningen Growth and Development Centre.

Inklaar R, Timmer M P, Van Ark B. 2008b. Market Services Productivity across Europe and the US. Economic Policy, 23 (53): 140-194.

Ioannidis C, Silver M. 1999. Estimating Exact Hedonic Indexes: an Application to UK Television Sets. Journal of Economics, 69 (1): 71-94.

King G. 1936. Two Tracts. Ed: George, C. Barnett. Baltimore, MD: Johns Hopkins U. Press.

Khamis S H. 1970. Properties and Conditions for the Existence of a New Type of Index Numbers. The Indian Journal of Statistics, Series B: 81-98.

Khamis S H. 1972. A New System of Index Numbers for National and International Purposes. Journal of the Royal Statistical Society. Series A (General), 135 (1): 96-121.

Khamis S H. 1998. Measurement of Real Product: Some Index Number Aspects. Presented at the 25th General conference of the IARIW, 23-29 August, Cambridge.

Khamis S H, Rao D S Prasada. 1989. On a Gerardi Alternative for the Geary-Khamis Measurement of International Purchasing Powers and Real Product. Journal of Official Statistics, 5 (1): 83-87.

Kokoski M F, Moulton B R, Zieschang K D. 1999. Interarea Price Comparisons for Heterogeneous Goods and Several Levels of Commodity Aggregation. International and Interarea Comparisons of Income, Output, and Prices: 123-169.

Kouwenhoven R D J. 1993. Analysing Dutch Manufacturing Productivity. Groningen Growth and Development Centre, Mimeographed.

Kouwenhoven R D J. 1996. A Comparison of Soviet and US Industrial Performance, 1928-1990. Research Memorandum GD-29, Groningen Growth and Development Centre.

Kravis I B, Kenessey Z, Heston A, et al. 1975. A system of International Comparisons of Gross Product and Purchasing Power, UNSO, World Bank, The University of Pennsylvania.

Kravis I B, Heston A, Summers R. 1978. International Comparisons of Real Product and Purchasing Power. UNSO, World Bank, The University of Pennsylvania.

Kravis I B, Heston A, Summers R, et al. 1982. World Product and Income: International Comparisons of Real Gross Product. UNSO, World Bank.

Kurabayashi Y, Sakuma I. 1981. An Alternative Method of Multilateral Comparisons of Real Product Constrained with Matrix Consistency. Paper presented at the 17th General Conference of the IARIW, Gouvieux, France, 1981.

Kurabayashi Y, Sakuma I. 1982. Transitivity, Factor Reversal Test and Matrix Consistency in the International Comparisons of Real Product. Discussion Paper 54, Institute of Economic Research, Hitotsubashi University, Tokyo.

Kurabayashi Y, Sakuma I. 1990. Studies in International Comparisons of Real Product and Prices.

Maizels A. 1958. Comparative Productivity in Manufacturing Industry: A Case Study of Australia and Canada. Economic Record, 34 (67): 67-89.

Maddison A. 1952. Productivity in Canada, the United Kingdom, and the United States. Oxford

Economic Papers, 4 (3): 235-242.

Maddison A, Rao D S P. 1996. A Generalized Approach to International Comparisons of Agricultural Output and Productivity. GGDC, Working Paper.

Maddison A, Van Ark B. 1988. Comparisons of Real Output in Manufacturing. Washington DC: World Bank.

Monnikhof E J. 1996. Productivity Performance in Manufacturing in Hungary and West Germany, 1987-1994. Groningen Growth and Development Centre, Groningen, Mimeographed.

Mulder N. 1994. New Perspectives on Service Output and Productivity: A Comparison of French and US Productivity in Transport, Communications, Wholesale and Retail Trade. Research Memorandum GD-14, Groningen Growth and Development Centre.

Mulder N. 1999. International and Interarea Comparisons of Income, Output, and Prices. Chicago: University of Chicago Press: 279-325.

Neary J P. 2004. Rationalising the Penn World Table: True Multilateral Indices for International Comparisons of Real Income. UCD Centre for Economic Research Working Paper Series, WP96/22.

Neary J P, Gleeson B. 1997. Comparing the Wealth of Nations: Reference Prices and Multilateral Real Income Indexes. UCD Centre for Economic Research Working Paper Series, WP97/19.

Nuxoll D A. 1994. Differences in Relative Prices and International Differences in Growth Rate. The American Economic Review, 84 (5): 1423-1436.

OECD. 1999. Purchasing Power Parities and Real Expenditures. Paris: Department of Economics and Statistics.

OECD. 2012. Eurostat-OECD Methodological Manual on Purchasing Power Parities. Paris: OECD.

O'Mahony M, Timmer M P. 2009. Output, Input and Productivity Measures at the Industry Level: The EU-KLEMS Database. The Economic Journal, 119 (538): F374-F403.

Paige D, Bombach G. 1959. A Comparison of National Output and Productivity of the United Kingdom and the United States. Paris: OEEC, 1959.

Rao D S P. 1976. Existence and Uniqueness of a System of Consistent Index Numbers. Economic Review, 27 (3): 212-218.

Rao D S P. 1985. A Walrasion Exchange Equilibrium Interpretation of the Geary-Khamis International Prices. Armidale: University of New England.

Rao D S P. 1990. A System of Log-Change Index Numbers for Multilateral Comparisons. Comparisons of Prices and Real Products in Latin America, edited by Salazar Carrillo J, Rao D S Prasada, North-Holland, Amsterdam.

Rao D S P. 1993. Intercountry Comparisons of Agricultural Output and Productivity. FAO Economic and Social Development paper 112, Rome.

Rao D S P. 2001. Weighted EKS and Generalised CPD Methods for Aggregation at Basic Heading Level and Above Basic Heading Level. Washington, DC: World Bank.

Rao D S P. 2004. The Country-Product-Dummy-Method: A Stochastic Approach to the Computation of Purchasing Power Parities in the ICP. Paper presented at SSHRC Conference on Index Numbers and Productivity Measurement, Vancouver.

Rao D S P. 2005. On the Equivalence of Weighted Country-Product-Dummy (CPD) Method and the Rao-System for Multilateral Price Comparisons. Review of Income and Wealth, 51(4): 571-580.

Rao D S P, Coondoo D. 1984. A Cost-Function Based Index Number System for Multilateral Comparisons. Australian meeting of the Econometric Society, 1984.

Rao D S P, Hajargasht G. 2016. Stochastic Approach to Computation of Purchasing Power Parities in the International Comparison Program (ICP). Journal of Econometrics, 191 (2): 414-425.

Rao D S P, Salazar Carrillo J. 1986. A General Equilibrium Approach to the Construction of Multilateral Index Numbers.No.29.

Rao D S P, Selvanathan E A. 1996. Stochastic Approach to International Comparisons of Prices and Real Income. International Comparisons of Prices, Output and Productivity, Edited by Rao D S Prasada, and Salazar Carrillo, J., 1996, 231: 195-216.

Rao D S P, Shankar S, Hajarghasht G. 2010. A Minimum Distance and the Generalised EKS Approaches to Multilateral Comparisons of Prices and Real Incomes.in International Comparisons of Prices, Income and Productivity Conference, 2010.

Rao D S P, Timmer M P. 2003. Purchasing Power Parities for Industry Comparisons Using Weighted EKS Methods. Review of Income and Wealth, 49 (4): 491-511.

Rostas L. 1948. Comparative Productivity in British and American Industry. National Institute of Economic and Social Research, London: Cambridge University Press.

Sakuma I, Rao D S P, Kurabayashi Y. 2000. Additivity, Matrix Consistency and a New Method for International Comparisons of Real Income and Purchasing Power Parities. Paper Prepared for the 26th General Conference of The International Association for Research in Income and Wealth, Poland, Cracow, 27 August to 2 September 2000.

Schreyer P. 2012. Output, Outcome, and Quality Adjustment in Measuring Health and Education Services. Review of Income and Wealth, 58 (2): 257-278.

Selvanathan E A. 1987. Explorations in Consumer Demand. Ph.D Thesis, Murdoch University, Western Australia.

Selvanathan E A. 1989. A Note on the Stochastic Approach to Index Numbers. Journal of Business & Economic Statistics, 7 (4): 471-474.

Sergeev S. 2001. Measures of the Similarity of the Country's Price Structures and Their Practical Application. Conference on the European Comparison Program, UN Statistical Commission, Economic Commission for Europe, Geneva, 2001.

Sergeev S. 2003. Equi-representativity and Some Modifications of the EKS Method at the Basic Heading Level. ECE-UN Consultation on the European Comparison Programme, Geneva.

Sergeev S. 2009a. Aggregation Methods Based on Structural International Prices. in Purchasing Power Parities of Currencies: Recent Advances in Methods and Applications, Edited by Rao D S Prasada.

Sergeev S. 2009b. Calculation of Equi-Characteristic PPPs at the Basic Heading Level (Modification of the Method of 'Asterisks'). Unpublished paper, Statistics Austria, Vienna, 2009.

Shiratsuka S. 1999. Measurement Errors and Quality-Adjustment Methodology: Lessons from the Japanese CPI. Economic Perspectives, 23 (2): 2-13.

Silver M. 2009. The Hedonic Country Product Dummy Method and Quality Adjustments for Purchasing Power Parity Calculations. IMF Working Paper, NO. 271.

Summers R. 1973. International Price Comparisons Based Upon Incomplete Data. Review of Income and Wealth, 19 (1): 1-16.

Szulc B. 1964. Index Numbers of Multilateral Regional Comparisons. Przeglad Statysticzny, (3): 239-254.

Triplett J. 2000. Hedonic Valuation of 'Unpriced' Banking Servies: Application to National Accounts and Consumer Price Indexes. Draft paper presented at NBER, Summer Institute.

Van Ark B, Kouwenhoven R D J. 1994. Productivity in French Manufacturing: An International Comparative Perspective. Research Memorandum, NO. 571 (GD-10), Groningen Growth and Development Centre.

Van Ark B, Monnikhof E, Mulder N. 1999a. Productivity in Services: An International Comparative Perspective. The Canadian Journal of Economics, 32 (2): 471-499.

Van Ark B, Monnikhof E, Timmer M. 1999b. Prices, Quantities and Productivity in Industry: A Study of Transition Economies in a Comparative Perspective. International and Interarea Comparisons of Income, Output, and Prices, edited by Heston A and Lipsey R E.

Van Ijzeren J. 1987. Bias in International Index Numbers: A Mathematical Elucidation. Dissertation submitted to the Committee of Scientific Qualifications of the Hungarian Academy of Sciences for award of the degree of Candidate of Sciences (ph. D.) in Economics.

West E C. 1971. Canada-United States Price and Productivity Differences in Manufacturing Industries, 1963. Ottawa: Information Canada.

Wieringa P, Maddison A. 1985. An International Comparison of Levels of Real Output in Mining and Quarrying in 1975. University of Groningen.

World Bank. 2013. Measuring the Real Size of the World Economy: The Framework, Methodology, and Results of the International Comparison Program. Washington, DC: World Bank.

World Bank. 2014. Purchasing Power Parities and the Real Size of World Economies: A Comprehensive Report of the 2011 International Comparison Program. Washington, DC: World Bank.

附　　录

附表　WLS 估计与 FGLS 估计下的标准误对比

国家序号	CPD WLS	CPD FGLS	WCPD WLS	WCPD FGLS	CPD（标准误之比）	WCPD（标准误之比）
1	0.0183	0.0443	0.0581	0.0469	2.4247	0.8077
2	0.0257	0.0564	0.0645	0.0595	2.1973	0.9227
3	0.0288	0.0703	0.0859	0.0733	2.4399	0.8540
4	0.0080	0.0190	0.0213	0.0200	2.3799	0.9406
5	0.0368	0.0699	0.0812	0.0730	1.9029	0.8985
6	0.0880	0.0813	0.1228	0.0840	0.9233	0.6839
7	0.0295	0.0723	0.0821	0.0753	2.4473	0.9171
8	0.0241	0.0500	0.0575	0.0528	2.0711	0.9192
9	0.0356	0.0722	0.0880	0.0752	2.0276	0.8553
10	0.0299	0.0720	0.0853	0.0751	2.4058	0.8803
11	0.0282	0.0714	0.0808	0.0745	2.5328	0.9224
12	0.0427	0.0741	0.0906	0.0771	1.7344	0.8515
13	0.0430	0.0819	0.0947	0.0845	1.9043	0.8928
14	0.0287	0.0718	0.0841	0.0748	2.4981	0.8894
15	0.0244	0.0604	0.0686	0.0635	2.4760	0.9246
16	0.0042	0.0074	0.0083	0.0076	1.7537	0.9135
17	0.0330	0.0752	0.0992	0.0781	2.2786	0.7870
18	0.0109	0.0208	0.0245	0.0219	1.9030	0.8933
19	0.0412	0.0764	0.0882	0.0793	1.8562	0.8992
20	0.0118	0.0295	0.0343	0.0312	2.4968	0.9094
21	0.0022	0.0052	0.0057	0.0055	2.2961	0.9657
22	0.0504	0.1035	0.1284	0.1039	2.0532	0.8087
23	0.0365	0.0712	0.0836	0.0743	1.9504	0.8884
24	0.0226	0.0461	0.0551	0.0488	2.0385	0.8859
25	0.0090	0.0181	0.0197	0.0190	2.0137	0.9687
26	0.0037	0.0096	0.0102	0.0101	2.5933	0.9823
27	0.0419	0.0856	0.1100	0.0880	2.0421	0.7994

续表

国家序号	CPD WLS	CPD FGLS	WCPD WLS	WCPD FGLS	CPD（标准误之比）	WCPD（标准误之比）
28	0.0326	0.0568	0.0680	0.0598	1.7417	0.8796
29	0.0280	0.0705	0.0848	0.0735	2.5154	0.8667
30	0.0247	0.0614	0.0712	0.0645	2.4830	0.9059
31	0.0205	0.0375	0.0448	0.0397	1.8266	0.8854
32	0.0080	0.0194	0.0209	0.0205	2.4205	0.9811
33	0.0151	0.0358	0.0411	0.0379	2.3731	0.9215
34	0.0082	0.0202	0.0237	0.0213	2.4632	0.8976
35	0.0301	0.0704	0.0816	0.0734	2.3409	0.9000
36	0.0412	0.0554	0.0652	0.0584	1.3462	0.8952
37	0.0291	0.0730	0.0838	0.0760	2.5059	0.9066
38	0.0631	0.1255	0.1400	0.1215	1.9873	0.8679
39	0.0286	0.0719	0.0891	0.0749	2.5132	0.8405
40	0.0112	0.0276	0.0299	0.0292	2.4654	0.9763
41	0.0409	0.0986	0.1121	0.0997	2.4130	0.8887
42	0.0125	0.0215	0.0243	0.0227	1.7223	0.9356
43	0.0015	0.0038	0.0049	0.0038	2.5600	0.7696
44	0.0076	0.0187	0.0209	0.0197	2.4704	0.9429
45	0.0372	0.0832	0.0974	0.0857	2.2351	0.8801
46	0.0432	0.0709	0.0911	0.0740	1.6398	0.8127
47	0.0029	0.0057	0.0077	0.0061	1.9530	0.7913
48	0.0406	0.0907	0.1068	0.0926	2.2324	0.8677
49	0.0501	0.1060	0.1187	0.1061	2.1156	0.8933
50	0.0038	0.0088	0.0105	0.0093	2.2861	0.8804
51	0.0160	0.0401	0.0474	0.0425	2.5118	0.8957
52	0.0150	0.0365	0.0442	0.0387	2.4379	0.8756
53	0.0002	0.0005	0.0030	0.0006	2.1863	0.2020
54	0.0390	0.0959	0.1119	0.0973	2.4603	0.8692
55	0.0080	0.0169	0.0203	0.0178	2.1216	0.8742
56	0.0008	0.0019	0.0020	0.0019	2.5229	0.9470
57	0.0094	0.0223	0.0268	0.0236	2.3724	0.8801
58	0.0237	0.0355	0.0579	0.0376	1.4985	0.6481
59	0.0439	0.1122	0.1257	0.1112	2.5585	0.8846
60	0.1606	0.1049	0.1450	0.1051	0.6532	0.7247
61	0.0095	0.0217	0.0256	0.0229	2.2925	0.8957

续表

国家序号	CPD WLS	CPD FGLS	WCPD WLS	WCPD FGLS	CPD（标准误之比）	WCPD（标准误之比）
62	0.0027	0.0064	0.0063	0.0067	2.4288	1.0556
63	0.0118	0.0269	0.0730	0.0284	2.2730	0.3893
64	0.0576	0.0834	0.0974	0.0860	1.4481	0.8838
65	0.0465	0.0721	0.1000	0.0752	1.5525	0.7520
66	0.0169	0.0421	0.0477	0.0445	2.4920	0.9337
67	0.0185	0.0420	0.0518	0.0445	2.2674	0.8583
68	0.0153	0.0385	0.0436	0.0408	2.5130	0.9355
69	0.0007	0.0017	0.0021	0.0017	2.2908	0.8362
70	0.0342	0.0478	0.0590	0.0505	1.3990	0.8569
71	0.0197	0.0355	0.0411	0.0375	1.8036	0.9141
72	0.0143	0.0333	0.0378	0.0352	2.3236	0.9315
73	0.0857	0.1202	0.1453	0.1175	1.4025	0.8086
74	0.0476	0.0508	0.0585	0.0536	1.0661	0.9164
75	0.0033	0.0051	0.0080	0.0054	1.5720	0.6723
76	0.0017	0.0024	0.0020	0.0025	1.3596	1.2156
77	0.0018	0.0019	0.0013	0.0020	1.0486	1.5404
78	0.0010	0.0023	0.0038	0.0025	2.3500	0.6574
79	0.0017	0.0041	0.0058	0.0044	2.4458	0.7560
80	0.0016	0.0037	0.0047	0.0038	2.3365	0.8136
81	0.0312	0.0782	0.0893	0.0810	2.5104	0.9072
82	0.0086	0.0193	0.0213	0.0204	2.2551	0.9555
83	0.0018	0.0047	0.0050	0.0049	2.5693	0.9912
84	0.0145	0.0351	0.0397	0.0371	2.4227	0.9357
85	0.0114	0.0274	0.0335	0.0290	2.4088	0.8654
86	0.0032	0.0078	0.0091	0.0082	2.4644	0.9008
87	0.0006	0.0011	0.0000	0.0012	1.7794	53.1148
88	0.0022	0.0022	0.0017	0.0024	1.0239	1.3720
89	0.0015	0.0036	0.0034	0.0038	2.4409	1.1241
90	0.0016	0.0041	0.0049	0.0044	2.5321	0.8857
91	0.0333	0.0642	0.0730	0.0673	1.9263	0.9221
92	0.0263	0.0652	0.0749	0.0683	2.4780	0.9115
93	0.0012	0.0009	0.0002	0.0009	0.6987	6.2721
94	0.0073	0.0190	0.0215	0.0200	2.5841	0.9291
95	0.0018	0.0030	0.0033	0.0031	1.6522	0.9518

续表

国家序号	CPD WLS	CPD FGLS	WCPD WLS	WCPD FGLS	CPD（标准误之比）	WCPD（标准误之比）
96	0.0450	0.0613	0.0725	0.0644	1.3637	0.8885
97	0.0357	0.0903	0.1066	0.0922	2.5257	0.8647
98	0.0052	0.0132	0.0155	0.0138	2.5338	0.8888
99	0.0028	0.0069	0.0070	0.0072	2.4582	1.0297
100	0.0019	0.0009	0.0004	0.0009	0.4455	2.4197
101	0.0210	0.0399	0.0508	0.0422	1.8999	0.8316
102	0.0027	0.0064	0.0080	0.0067	2.3713	0.8334
103	0.0150	0.0272	0.0324	0.0287	1.8060	0.8860
104	0.0051	0.0118	0.0149	0.0124	2.3408	0.8340
105	0.0013	0.0022	0.0016	0.0023	1.6507	1.4555
106	0.0036	0.0055	0.0064	0.0057	1.5434	0.9030
107	0.0201	0.0303	0.0358	0.0321	1.5098	0.8973
108	0.0034	0.0089	0.0089	0.0093	2.6316	1.0434
109	0.0019	0.0050	0.0059	0.0053	2.5741	0.8978
110	0.0034	0.0078	0.0080	0.0080	2.2627	0.9973
111	0.0260	0.0362	0.0462	0.0384	1.3954	0.8309
112	0.0198	0.0490	0.0584	0.0519	2.4775	0.8875
113	0.0031	0.0081	0.0101	0.0085	2.5839	0.8419
114	0.0020	0.0054	0.0061	0.0056	2.6402	0.9198
115	0.0022	0.0037	0.0049	0.0039	1.6351	0.7834
116	0.0181	0.0290	0.0345	0.0307	1.6022	0.8907
117	0.0047	0.0052	0.0105	0.0054	1.0884	0.5155
118	0.0004	0.0011	0.0009	0.0009	2.8409	1.0545
119	0.0021	0.0044	0.0053	0.0046	2.1095	0.8690
120	0.0071	0.0156	0.0155	0.0164	2.1818	1.0556
121	0.0027	0.0069	0.0067	0.0071	2.5127	1.0705
122	0.0385	0.0954	0.1078	0.0969	2.4814	0.8993
123	0.0334	0.0776	0.0893	0.0804	2.3218	0.9007
124	0.0198	0.0397	0.0507	0.0421	2.0038	0.8301
125	0.0038	0.0075	0.0103	0.0079	1.9888	0.7688
126	0.0047	0.0081	0.0105	0.0085	1.7332	0.8118
127	0.0072	0.0182	0.0207	0.0192	2.5357	0.9295
128	0.0196	0.0400	0.0454	0.0423	2.0397	0.9318
129	0.0150	0.0316	0.0350	0.0334	2.0981	0.9552

续表

国家序号	CPD WLS	CPD FGLS	WCPD WLS	WCPD FGLS	CPD（标准误之比）	WCPD（标准误之比）
130	0.0149	0.0298	0.0335	0.0315	2.0015	0.9411
131	0.0030	0.0079	0.0104	0.0083	2.6165	0.8003
132	0.0411	0.1046	0.1284	0.1048	2.5474	0.8163
133	0.0028	0.0065	0.0061	0.0067	2.2859	1.0948
134	0.0177	0.0372	0.0435	0.0394	2.0950	0.9055
135	0.0143	0.0161	0.0227	0.0169	1.1241	0.7431
136	0.0094	0.0214	0.0240	0.0218	2.2773	0.9100
137	0.0042	0.0074	0.0083	0.0076	1.7537	0.9135
138	0.0590	0.0840	0.1119	0.0866	1.4249	0.7743
139	0.0063	0.0159	0.0191	0.0165	2.5201	0.8672
140	0.0102	0.0221	0.0289	0.0226	2.1601	0.7797
141	0.0094	0.0222	0.0252	0.0227	2.3620	0.9013
142	0.0087	0.0120	0.0126	0.0125	1.3666	0.9906
143	0.0095	0.0139	0.0172	0.0146	1.4610	0.8465
144	0.0038	0.0089	0.0096	0.0093	2.3517	0.9685
145	0.0015	0.0038	0.0049	0.0038	2.5600	0.7696
146	0.0057	0.0137	0.0168	0.0144	2.4014	0.8561
147	0.0336	0.0563	0.0661	0.0593	1.6754	0.8972

注：最后两列的标准误之比是 FGLS 与 WLS 下的标准误之比